Angelika Landmann

Uighurisch
Kurzgrammatik

Angelika Landmann

Uighurisch Kurzgrammatik

2012

Harrassowitz Verlag · Wiesbaden

Bibliografische Information der Deutschen Nationalbibliothek
Die Deutsche Nationalbibliothek verzeichnet diese Publikation in der Deutschen Nationalbibliografie; detaillierte bibliografische Daten sind im Internet über http://dnb.d-nb.de abrufbar.

Bibliographic information published by the Deutsche Nationalbibliothek
The Deutsche Nationalbibliothek lists this publication in the Deutsche Nationalbibliografie; detailed bibliographic data are available in the internet at http://dnb.d-nb.de.

Informationen zum Verlagsprogramm finden Sie unter
http://www.harrassowitz-verlag.de

Gedruckt auf alterungsbeständigem Papier.
Druck und Verarbeitung: Hubert & Co., Göttingen
Printed in Germany

ISBN 978-3-447-06680-8

Inhaltsverzeichnis

Vorwort

Die vorliegende Kurzgrammatik des Uighurischen vermittelt auf 143 Seiten die wichtigsten Grundlagen der uighurischen Grammatik in knapper, übersichtlicher und leicht verständlicher Form, ohne dass es der Kenntnis einer anderen Turksprache bedarf. Die einzelnen Kapitel sind nach grammatischen Kategorien geordnet, die Erklärungen werden jeweils durch Beispielsätze aus der Alltagssprache veranschaulicht.

Der Anhang enthält Übersichten über die im Buch behandelten Suffixe, die Fälle regressiver Vokalassimilation, die deutschen Nebensätze und ihre uighurischen Entsprechungen, ein alphabetisches Vokabelverzeichnis, ein Sachregister sowie ein Verzeichnis der verwendeten Literatur.

Zur Darstellung wurde die modifizierte persisch-arabische Schrift in ihrer heute in Xinjiang gebräuchlichen Form gewählt; eine zusätzliche Transkription mit lateinischen Buchstaben erfolgt lediglich innerhalb der einleitenden Erklärungen.

Ich danke Frau Naima Abdulwäli für viele wertvolle Hinweise und Anregungen sowie Frau Julia Guthmüller, die mir bei schwierigen Entscheidungen wie immer mit Rat und Tat zur Seite gestanden hat. Mein ganz besonderer Dank jedoch gilt Frau Ulla Johansen, die durch ihre Vorlesungen mein Weltbild entscheidend beeinflusst und schon früh mein Interesse für die Turkvölker Mittelasiens geweckt hat.

Heidelberg, im Dezember 2011 — Angelika Landmann

Lautlehre

1. Das Alphabet

Die Buchstaben werden von rechts nach links aneinander gefügt und verändern dabei geringfügig ihre Form je nachdem, ob sie am Beginn, in der Mitte oder am Ende eines Wortes stehen. Die Zeichen ا, ە, د, ر, ز, ژ, و, ۇ, ۆ, ۈ und ۋ können nicht nach links verbunden werden, so dass der jeweils folgende Buchstabe neu angesetzt werden muss:

Schreibung			Aussprache	Beispielwort		
ئئئ	ئ	’	Stimmbandverschluss	مۇئەللىم	mu’ällim	Lehrer
ئا ـا ـا	ا	a	a wie in Tag	ئالما	alma	Apfel
ئە ـە ـە	ە	ä	helles e	ئەل	äl	Land
ببب	ب	b	b	بالا	bala	Kind
پپپ	پ	p	p	پۇل	pul	Geld
تتت	ت	t	t	تىل	til	Sprache
ججج	ج	j	stimmhaftes dsch	جاۋاب	jawab	Antwort
چچچ	چ	ch	stimmloses tsch	چاي	chay	Tee
خخخ	خ	x	ch wie in Dach	خەت	xät	Brief
د ـد ـد	د	d	d	دەپتەر	däptär	Heft
ر ـر ـر	ر	r	Zungen-r	رەسىم	räsim	Bild
ز ـز ـز	ز	z	stimmhaftes s	زاۋۇت	zawut	Betrieb
ژ ـژ ـژ	ژ	zh	stimmhaftes sch	ژۇرنال	zhurnal	Zeitschrift
سسس	س	s	stimmloses s	سۇ	su	Wasser
ششش	ش	sh	stimmloses sch	شەھەر	shähär	Stadt
غغغ	غ	gh	hinteres g	غاز	ghaz	Gans
ففف	ف	f	f	فىزىكا	fizika	Physik
ققق	ق	q	hinteres k	قول	qol	Hand
ككك	ك	k	vorderes k	كۆل	köl	See
گگگ	گ	g	vorderes g	گەپ	gäp	Gerede
ڭڭڭ	ڭ	ng	nasales n	رەڭ	räng	Farbe

للل	ل	l	l	لۇغەت	lughät	Wörterbuch
ممم	م	m	m	مەكتەپ	mäktäp	Schule
ننن	ن	n	n	نان	nan	Brot
ھھھ	ھ	h	h wie in Himmel	ھەپتە	häptä	Woche
ئو و و	و	o	offenes o	ئوغۇل	oghul	Sohn
ئۇ ۇ ۇ	ۇ	u	u	ئۇيغۇر	uyghur	Uighure
ئۆ ۆ ۆ	ۆ	ö	offenes ö	ئۆي	öy	Haus
ئۈ ۈ ۈ	ۈ	ü	ü	ئۈزۈم	üzüm	Traube
ۋ ۋ ۋ	ۋ	w	w	ۋاقىت	waqit	Zeit
ئېېې	ې	é	enges e wie in Ebene	ئېشىك	éshik	Tür
ئىى	ى	i	helles i wie in Licht oder auch dumpfes i	كىشى قىز	kishi qiz	Person Tochter
ييي	ي	y	deutsches j	ياتاق	yataq	Zimmer

Der Stimmbandverschluss ئ „Hämzä“ steht am Anfang eines Wortes bzw. jeder Silbe, die mit Vokal beginnt. Seine Wiedergabe in der uighurisch-lateinischen Schrift durch einen Apostroph erfolgt dagegen nur im Wortinnern.

Die **Betonung** liegt nicht grundsätzlich auf einer bestimmten Silbe. Zwar werden zahlreiche mehrsilbige Wörter auf der letzten Silbe betont, doch gibt es auch solche, die nicht dieser Regel folgen. Wichtige bestehende Betonungsregeln werden daher jeweils an der entsprechenden Stelle behandelt.

2. Vokal- und Konsonantenharmonie

Ein Hauptmerkmal des Uighurischen ist die sogenannte **Vokalharmonie**. Sie besagt, dass ein Wort entweder nur helle bzw. vordere oder nur dunkle bzw. hintere Vokale besitzt.

Vordere/helle Vokale sind	ە, ى, ۆ, ۈ,
hintere/dunkle Vokale sind	ا, ى, و, ۇ.

Gleichzeitig ist das ganze Wort samt seinen Konsonanten hell bzw. dunkel auszusprechen. Wird diese Regel nicht eingehalten, handelt es sich in den meisten Fällen um Fremdwörter.

3. Suffixbildung

Das zweite Hauptmerkmal ist die Tatsache, dass das Uighurische als agglutinierende Sprache seine grammatischen Funktionen durch angehängte Silben, sogenannte **Suffixe**, ausdrückt. Damit das Gesetz der Vokalharmonie gewahrt bleibt, erhält ein Wort mit hellen Vokalen Suffixe mit ebenfalls hellen Vokalen, und ein Wort mit dunklen Vokalen Suffixe mit ebenfalls dunklen Vokalen. In den meisten Fällen richtet sich dabei der Vokal des Suffixes nach dem Vokal der unmittelbar vorausgehenden Silbe.

Da der Buchstabe ى sowohl das helle wie auch das dunkle **i** wiedergibt und auch der Vokal ې, der eine mittlere Position einnimmt, in hell wie in dunkel vokalisierten Wörtern auftreten kann, können hier die übrigen Vokale eines Wortes oder auch die vorderen Konsonanten گ und ك bzw. die hinteren Konsonanten غ und ق Auskunft darüber geben, ob ein Wort als hell oder dunkel anzusehen ist:

hell		dunkel	
رەسىم	Bild	پويىز	Zug
ئۈمىت	Hoffnung	مۇخبىر	Journalist
گېزىت	Zeitung	ئېغىز	Mund
كىشى	Person	قىز	Tochter

Folgende Grundregeln sind beim Anfügen von Suffixen zu beachten:

1. Progressive Vokalassimilation

a. Ein Suffix, das der **kleinen Vokalharmonie** unterliegt, erhält

nach ە, hellem ى sowie ۆ und ۈ	den Vokal ە,
nach ا, dunklem ى sowie و und ۇ	den Vokal ا:

دەپتەر	Heft	دەپتەرگە	ins Heft
ئۆي	Haus	ئۆيگە	ins Haus
قىز	Tochter	قىزغا	der Tochter
قول	Hand	قولغا	in die Hand

b. Ein Suffix, das der **großen Vokalharmonie** unterliegt, erhält

nach ە oder hellem ى	den Vokal ى,
nach ۆ oder ۈ	den Vokal ۈ,
nach ا oder dunklem ى	den Vokal ى,
nach و oder ۇ	den Vokal ۇ:

دەپتەر	Heft	دەپتىرىم	mein Heft
ئۆي	Haus	ئۆيۈم	mein Haus
قىز	Tochter	قىزىم	meine Tochter
قول	Hand	قولۇم	meine Hand

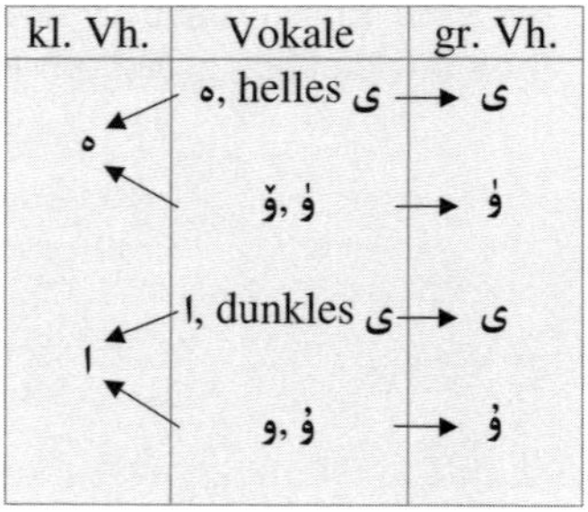

Daneben gibt es jedoch auch Suffixe, die nur den Vokal ۇ enthalten; einige weitere enthalten nur ein ى oder nur ein ە, und wieder einige andere alternativ ein ۈ oder ۇ (vgl. hierzu die detaillierten Übersichten im Anhang, S. 121 ff.):

كەل-	kommen	كەلدۇق	wir sind gekommen

بازار	Markt	بازاردىن	vom Markt

ئالتە	sechs	ئالتەيلەن	zu sechst

كەل-	kommen	كەلگۈ	der Wunsch, zu kommen
ياز-	schreiben	يازغۇ	der Wunsch, zu schreiben

2. Regressive Vokalassimilation

Was das Uighurische gegenüber anderen Turksprachen auszeichnet, ist seine regressive Vokalassimilation. Sie besagt, dass Suffixe ihrerseits die Vokale der ihnen jeweils unmittelbar vorausgehenden Silben klanglich beeinflussen, sofern beim Anfügen nicht mehr als ein Konsonant zwischen sie tritt:

a. Die kurzen Vokale ه und ا einsilbiger Nomina oder Verbstämme werden zu ې, wenn ein Suffix antritt, das den Vokal ه oder ى enthält (sog. „umlauting"; vgl. hierzu die Übersicht auf S. 125 f.). Auf diese Art kommt es bei den Verben بەر- *geben* und بار- *(hin)gehen* vielfach zu Überschneidungen:

خەت	Brief	خېتى	sein Brief
چاچ	Haar	چېچى	sein Haar
بەر-	geben	بېرىۋاتىدۇ	er/sie gibt
بار-	(hin)gehen		er/sie geht (hin)
دە-	sagen	دېدى	er/sie hat gesagt

Nicht betroffen sind lange Vokale in Wörtern wie den folgenden:

بەش	fünf	بەشەيلەن	zu fünft
سان	Zahl	سانى	seine Zahl

b. Die kurzen und unbetonten Vokale ه und ا einer nicht-ersten Silbe werden bei Antritt eines Suffixes zu ى (sog. „vowel raising"; vgl. S. 126 f.):

دەپتەر	Heft	دەپترى	sein Heft
ياتاق	Zimmer	ياتىقى	sein Zimmer
كۆرسەت-	zeigen	كۆرسىتىدۇ	er/sie zeigt
قاتناش-	teilnehmen	قاتنىشىدۇ	er/sie nimmt teil

شەپكە	Hut	شەپكىسى	sein Hut
بالا	Kind	بالىسى	sein Kind
ئىشلە-	arbeiten	ئىشلىدى	er/sie hat gearbeitet
ئوينا-	spielen	ئوينىدى	er/sie hat gespielt

Auch hier gibt es eine Reihe von Substantiven, die dieser Regel nicht folgen, da der Vokal ihrer letzten Silbe gelängt bzw. betont ist:

كىتاب	Buch	كىتابى	sein Buch
ئايال	Ehefrau	ئايالى	seine Frau
بىنا	Gebäude	بىناسى	sein Gebäude
هاۋا	Luft, Wetter	هاۋاسى	seine Luft

3. Konsonantenassimilation

a. Endet ein Nomen oder Verbstamm auf einen der stimmlosen Konsonanten پ, ت, چ, خ, س, ش, ف, ق, ك, ھ, werden die Konsonanten د, گ oder غ am Beginn eines Suffixes – wie etwa beim Dativ (vgl. S. 14) oder dem Partizip Perfekt des Vollverbs (vgl. S. 86) – klanglich angepasst, d.h. zu ت, ك bzw. zu ق entstimmt:

مەكتەپ	Schule	مەكتەپكە	zur Schule
زاۋۇت	Betrieb	زاۋۇتقا	in den Betrieb
ئىشىك	Tür	ئىشىككە	zur Tür
ياتاق	Zimmer	ياتاققا	ins Zimmer

تىك-	nähen	تىككەن	genäht
كۆرسەت-	zeigen	كۆرسەتكەن	gezeigt
قاتناش-	teilnehmen	قاتناشقان	teilgenommen
ئۇچ-	fliegen	ئۇچقان	geflogen

Dies geschieht indes auch bei Substantiven und Verbstämmen, die auf die stimmhaften Konsonanten ب, گ oder غ enden:

كىتاب	Buch	كىتابقا	ins Buch
ئاياغ	Schuh	ئاياغقا	in den Schuh

تەگ-	berühren	تەگكەن	berührt
ياغ-	regnen	ياغقان	geregnet

b. Einem als allgemeintürkisch zu bezeichnenden Lautgesetz zufolge werden andererseits die stimmlosen Endkonsonanten پ, ت, ك und ق einer Reihe mehrsilbiger Nomina stimmhaft, wenn sie bei Anfügung eines vokalisch anlautenden Suffixes zwischen Vokale geraten. Während andere Turksprachen ihre Schreibweise dieser Sprachpraxis angepasst haben, berücksichtigt die uighurische Schreibung diese Regelung seit der letzten Schriftreform von 1985 nicht mehr:

		Schreibung	Aussprache	
مەكتەپ	Schule	مەكتىپى	مەكتىبى	seine Schule
زاۋۇت	Betrieb	زاۋۇتى	زاۋۇدى	sein Betrieb
ئىشىك	Tür	ئىشىكى	ئىشىگى	seine Tür
ياتاق	Zimmer	ياتىقى	ياتىغى	sein Zimmer

4. Des Weiteren gilt:
Allgemein wird beim Anfügen von Suffixen das Aufeinandertreffen von Vokalen vermieden:

دەپتەر	Heft	دەپتىر-ىم	mein Heft
شەپكە	Hut	شەپكە-م	mein Hut

دەپتەر	Heft	دەپتىر-ى	sein Heft
شەپكە	Hut	شەپكە-سى	sein Hut

Aus diesem Grunde beginnen viele der im Folgenden wiedergegebenen Suffixe mit einem in Klammern gesetzten Anfangsbuchstaben.

Einige mehrsilbige Substantive auf Vokal erhalten als Bindekonsonanten ein ي, wenn ein Possessivsuffix der 1. oder 2. Personen anschließt:

پەلتو	Mantel	پەلتو-ي-ۇم	mein Mantel

Das Wort سۇ *Wasser* erhält auch beim Possessiv der 3. Person den Bindekonsonanten ي und verändert darüber hinaus seinen Stammvokal in ۈ:

سۇ	Wasser	سۈ-ي-ى	sein Wasser

Die Verben يه- *essen* und ده- *sagen* erhalten gelegentlich, das Verb يۇ- *waschen* häufig den Bindekonsonanten ي (vgl. S. 49 ff.):

ده-	sagen	دې-يـ-ـىش	das Sagen
يه-	essen	يې-يـ-ـىش	das Essen
يۇ-	waschen	يۇ-ي-ۇش	das Waschen

ده-	sagen	دې-دى	er hat gesagt
يه-	essen	يې-دى	er hat gegessen
يۇ-	waschen	يۇ-يۇ-دى	er hat gewaschen

Schließlich besitzt das Uighurische eine Reihe zweisilbiger, konsonantisch auslautender Substantive, die den Vokal ihrer zweiten Silbe verlieren, wenn das sich anschließende Suffix mit einem Vokal beginnt:

بۇرۇن	Nase	بۇرنى	seine Nase
پىكىر	Idee	پىكرى	seine Idee
رەسىم	Bild	رەسمى	sein Bild
سىڭىل	jüngere Schwester	سىڭلى	seine jüngere Schwester
شەھەر	Stadt	شەھرى	seine Stadt
كەسىپ	Beruf	كەسپى	sein Beruf
كۆڭۈل	Gefühl	كۆڭلى	sein Gefühl
ئورۇن	Platz	ئورنى	sein Platz
ئوغۇل	Sohn	ئوغلى	sein Sohn
ۋاقىت	Zeit	ۋاقتى	seine Zeit
ئېغىز	Mund	ئېغزى	sein Mund
ئىسىم	Name	ئىسمى	sein Name

Da einem Substantiv diese Eigenschaft nicht ohne Weiteres anzusehen ist, erhalten sie in den Wörterbüchern einen besonderen Hinweis.

Der Übersichtlichkeit halber werden die zu behandelnden Suffixe in den folgenden Kapiteln nur in jeweils einer Form vorgestellt. Ihre möglichen Alternativen gehen aus den anschließenden Beispielen sowie den Übersichten im Anhang, S. 121 ff. hervor.

I. Das Substantiv

1. Grundform und Nominativ des Substantivs

Das uighurische Substantiv hat keinen bestimmten Artikel; es unterscheidet auch nicht zwischen männlich, weiblich und sächlich. In seiner Grundform kann es sowohl einen Singular wie auch einen Plural beinhalten. Gleichzeitig dient es als Subjektkasus, d.h. als Nominativ Singular:

Substantiv	ä, helles i	ö, ü	a, dunkles i	o, u
einsilbig auf Konsonant	خەت *Brief*	ئۆي *Haus*	قىز *Tochter*	توپ *Ball*
mehrsilbig auf Konsonant	دەپتەر *Heft*	ئۆتۈك *Stiefel*	ياتاق *Zimmer*	ئوغۇل *Sohn*
mehrsilbig auf Vokal	شەپكە *Hut*		بالا *Kind*	پەلتو *Mantel*

ئوقۇغۇچى	bedeutet demnach *Schüler/Schülerin, Schüler/Schülerinnen* wie auch *der Schüler/die Schülerin.*

Die Demonstrativpronomina *dieser, diese, dieses* und *jener*, *jene*, *jenes* lauten بۇ bzw. ئۇ (vgl. S. 24 f.):

بۇ ئوقۇغۇچى	bedeutet *dieser Schüler/diese Schülerin,*
ئۇ ئوقۇغۇچى	bedeutet *jener Schüler/jene Schülerin.*

Das Zahlwort بىر *eins* dient auch als unbestimmter Artikel:

بىر ئوقۇغۇچى	bedeutet *ein Schüler/eine Schülerin.*

Nach Mengenangaben bleibt das Substantiv meist in seiner Grundform:

ئۈچ ئوقۇغۇچى	bedeutet *drei Schüler/drei Schülerinnen.*

Der Nominativ antwortet auf die Fragen كىم *wer*, نېمە *was*:

بۇ كىم؟	Wer ist das (hier)?
ئۇ تۇرسۇن.	Das ist Tursun.

بۇ نېمە؟	Was ist das (hier)?
ئۇ كىتاب.	Das ist ein Buch.

2. Der Plural

Der Plural wird durch ein Suffix wiedergegeben, das -لەر lautet. Gegenüber der Grundform wird es verwendet, um die Mehrzahl von Einzelpersonen oder -dingen zu bezeichnen:

ä, helles i	ö, ü	a, dunkles i	o, u
خەتلەر	ئۆيلەر	قىزلار	توپلار
دەپتەرلەر	ئۆتۈكلەر	ياتاقلار	ئوغۇللار
شەپكىلەر		باللار	پەلتولار

بۇ باللار ئوقۇغۇچى.	Diese Kinder sind Schüler.
ئوقۇغۇچىلار تىرىشچان.	Die Schüler sind fleißig.

3. Die Possessivsuffixe

Auch die Possessive werden im Uighurischen durch Suffixe wiedergegeben. Sie variieren in ihrem Anlaut, je nachdem, ob das vorausgehende Substantiv auf Konsonant oder auf Vokal endet. Wie bei den Personalpronomina (vgl. S. 25) kennt das Uighurische auch hier in der 2. Person Singular unterschiedliche Formen für die sehr familiäre und die etwas formellere Anrede. Nur wenige der Suffixe unterliegen der großen Vokalharmonie; die Possessivsuffixe der formellen 2. Person Singular, der 1. Person Plural sowie der 3. Personen besitzen für alle Vokalgruppen einheitlich den Vokal ى:

Kasus		Possessive		Plural	Substantiv
Nominativ	---	mein	-(د)م	-لەر	خەت
Genitiv	-نىڭ	dein	-(د)ڭ		دەپتەر
Dativ	-گە	Ihr	-(د)ڭىز		شەپكە
Akkusativ	-نى	sein/ihr	-(س)ى		
Lokativ	-دە	unser	-(د)مىز		
Ablativ	-دىن	euer/Ihr	-(د)ڭلار		
		ihr	-لىرى		

ä, helles i		ö, ü		a, dunkles i		o, u	
خەت	*Brief*	ئۆي	*Haus*	قىز	*Tochter*	توپ	*Ball*
خېتىم		ئۆيوٰم		قىزىم		توپۇم	
خېتىڭ		ئۆيوٰڭ		قىزىڭ		توپۇڭ	
خېتىڭىز		ئۆيىڭىز		قىزىڭىز		توپىڭىز	
خېتى		ئۆيى		قىزى		توپى	
خېتىمىز		ئۆيىمىز		قىزىمىز		توپىمىز	
خېتىڭلار		ئۆيوٰڭلار		قىزىڭلار		توپۇڭلار	
خەتلىرى		ئۆيلىرى		قىزلىرى		توپلىرى	
دەپتەر	*Heft*	ئۆتوٰك	*Stiefel*	ياتاق	*Zimmer*	ئوغۇل	*Sohn*
دەپتىرىم		ئۆتوٰكوٰم		ياتىقىم		ئوغلۇم	
دەپتىرىڭ		ئۆتوٰكوٰڭ		ياتىقىڭ		ئوغلۇڭ	
دەپتىرىڭىز		ئۆتوٰكىڭىز		ياتىقىڭىز		ئوغلىڭىز	
دەپتىرى		ئۆتوٰكى		ياتىقى		ئوغلى	
دەپتىرىمىز		ئۆتوٰكىمىز		ياتىقىمىز		ئوغلىمىز	
دەپتىرىڭلار		ئۆتوٰكوٰڭلار		ياتىقىڭلار		ئوغۇڭلار	
دەپتەرلىرى		ئۆتوٰكلىرى		ياتاقلىرى		ئوغۇللىرى	
شەپكە	*Hut*			بالا	*Kind*	پەلتو	*Mantel*
شەپكەم				بالام		پەلتويۇم	
شەپكەڭ				بالاڭ		پەلتويۇڭ	
شەپكىڭىز				بالىڭىز		پەلتويىڭىز	
شەپكىسى				بالىسى		پەلتوسى	
شەپكىمىز				بالىمىز		پەلتويىمىز	
شەپكەڭلار				بالاڭلار		پەلتويۇڭلار	
شەپكىلىرى				باللىرى		پەلتولىرى	

بۇ كىم؟	Wer ist das?
ئۇ قىزىم.	Das ist meine Tochter.

بۇ نېمە؟	Was ist das?
ئۇ ئۆيىمىز.	Das ist unser Haus.

ئىسمىڭىز نېمە؟	Was ist Ihr Name?
ئىسمىم تۇرسۇن.	Mein Name ist Tursun.

Das Uighurische besitzt kein Verb, das dem deutschen *haben* entspricht. Um anzuzeigen, dass man etwas hat, das (zu) einem gehört, wird der Possessiv in Verbindung mit بار *vorhanden* bzw. يوق *nicht vorhanden* verwendet:

كىتابىڭىز بارمۇ؟	Ist Ihr Buch vorhanden = haben Sie ein Buch?
كىتابىم بار.	Mein Buch ist vorhanden = ich habe ein Buch.

Um andererseits auszudrücken, dass man etwas (bei sich) hat, das zu einer anderen Person gehört, wird der Lokativ (vgl. S. 16) als Prädikatsnomen eingesetzt:

كىتابىم سىزدىمۇ؟	Ist mein Buch bei Ihnen = haben Sie mein Buch?
ھەئە، كىتابىڭىز مەندە.	Ja, Ihr Buch ist bei mir = ich habe Ihr Buch.

Eine Sache *bei sich haben* schließlich wird ebenfalls durch den Lokativ, diesmal verbunden mit بار *vorhanden* bzw. يوق *nicht vorhanden*, zum Ausdruck gebracht:

سىزدە كىتاب بارمۇ؟	Ist bei Ihnen ein Buch vorhanden = haben Sie ein Buch dabei?
مەندە كىتاب يوق.	Bei mir ist kein Buch vorhanden = ich habe kein Buch dabei.

4. Der Genitiv

Der Genitiv antwortet auf die Fragen كىمنىڭ *wessen*, نېمىنىڭ *welcher Sache*; er wird durch das Suffix نىڭ- wiedergegeben:

ä, helles i	ö, ü	a, dunkles i	o, u
خەتنىڭ	ئۆينىڭ	قىزنىڭ	توپنىڭ
دەپتەرنىڭ	ئۆتۈكنىڭ	ياتاقنىڭ	ئوغۇلنىڭ
شەپكىنىڭ		بالىنىڭ	پەلتونىڭ

Der Genitiv tritt vor allem im Zusammenhang mit dem Possessiv der 3. Person auf (vgl. S. 18):

بۇ كىمنىڭ كىتابى؟	Wessen Buch ist das?
ئوغلۇمنىڭ كىتابى.	Das Buch meines Sohnes.

Daneben dient er als Prädikatsnomen, um *gehören* zum Ausdruck zu bringen:

بۇ كىتاب كىمنىڭ؟	Wessen ist dieses Buch = wem gehört dieses Buch?
بۇ كىتاب ئوغلۇمنىڭ.	Dieses Buch ist meines Sohnes = dieses Buch gehört meinem Sohn.

Fügt man an den Genitiv das Zugehörigkeitssuffix كى- (vgl. S. 111), entstehen substantivierte Possessive:

بۇ كىتاب ئوغلۇمنىڭكى.	Dieses Buch ist dasjenige meines Sohnes.

5. Der Dativ

Der Dativ antwortet auf die Fragen **كىمگە** *wem*, *zu wem,* **نەگە**, **قەيەرگە** *wohin,* **نېمىگە** *wonach,* **نېمىشقا** *wozu* wie auch zeitlich *bis wann* (vgl. S. 35). Das Dativsuffix lautet **-گە**:

ä, helles i	ö, ü	a, dunkles i	o, u
خەتكە	ئۆيگە	قىزغا	توپقا
دەپتەرگە	ئۆتۈككە	ياتاققا	ئوغۇلغا
شەپكىگە		بالىغا	پەلتوغا

كىمگە يېزىۋاتىسىز؟	Wem schreiben Sie?
ئاتامغا يېزىۋاتىمەن.	Ich schreibe meinem Vater.

نەگە/ قەيەرگە بېرىۋاتىسىلەر؟	Wohin geht ihr?
ياتىقىمىزغا بېرىۋاتىمىز.	Wir gehen in unser Zimmer.

Darüber hinaus gibt der Dativ die Ziel- und Zweckrichtung, die geplante zeitliche Dauer sowie die Höhe des Preises wieder, den man für eine Sache bezahlt hat:

بالىلار سۇغا كەتتى.	Die Kinder sind nach Wasser gegangen.
ئۈچ كۈنلۈككە ئۈرۈمچىگە بارماقچىمىز.	Wir wollen für drei Tage nach Ürümtschi fahren.
مەن بۇ لۇغەتنى 12 كويغا ئالدىم.	Ich habe dieses Wörterbuch für 12 Koy gekauft.

Ergänzt um das Suffix **-چە** (vgl. S. 114) entsteht die Bedeutung (räumlich und zeitlich) *bis*:

بۇ قېتىم خوتەنگىچە بارماقچىمىز.	Wir wollen dieses Mal bis nach Khotan fahren.
مەن كەچكىچە ئىشلىدىم.	Ich habe bis zum Abend gearbeitet.

6. Der Akkusativ

Als Objektkasus antwortet der Akkusativ auf die Fragen كىمنى *wen*, نېمىنى *was*; er lautet نى-:

ä, helles i	ö, ü	a, dunkles i	o, u
خەتنى	ئۆينى	قىزنى	توپنى
دەپتەرنى	ئۆتۈكنى	ياتاقنى	ئوغۇلنى
شەپكىنى		بالىنى	پەلتونى

Ist ein Objekt unbestimmt, kann es in seiner Grundform bleiben:

نېمە ئالدىڭىز؟	Was haben Sie gekauft?
مەن كىتاب ئالدىم.	Ich habe (irgendwelche) Bücher gekauft.

Dagegen erhält ein bestimmtes Objekt grundsätzlich das Akkusativsuffix:

كىمنى ساقلاۋاتىسىلەر؟	Auf wen wartet ihr?
تۇرسۇننى ساقلاۋاتىمىز.	Wir warten auf Tursun.

Durch ein Possessivsuffix, ein vorangestelltes Attribut oder das Pluralsuffix verliert ein Objekt den Charakter der Unbestimmtheit, so dass es ebenfalls in den Akkusativ gesetzt werden muss:

سەن نېمە ئىزدەۋاتىسەن؟	Was suchst du?
مەن كۆزئەينىكىمنى ئىزدەۋاتىمەن.	Ich suche meine Brille.

بۇ كىتابلارنى سىزمۇ ئالدىڭىز؟	Haben Sie diese Bücher gekauft?
مەن نۇرغۇن كىتابلارنى ئالدىم.	Ich habe zahlreiche Bücher gekauft.

7. Der Lokativ

Der Lokativ antwortet auf die Fragen كىمدە *bei wem,* نەدە, قەيەردە *wo* sowie zeitlich قاچان *wann* (vgl. S. 35) und wird im Deutschen durch die Präpositionen *in*, *an*, *auf*, *bei* und *um* ausgedrückt. Das Lokativsuffix lautet -دە:

ä, helles i	ö, ü	a, dunkles i	o, u
خەتتە	ئۆيدە	قىزدا	توپتا
دەپتەردە	ئۆتۈكتە	ياتاقتا	ئوغۇلدا
شەپكىدە		بالىدا	پەلتودا

قوشنىڭلار نەدە/قەيەردە؟	Wo ist euer Nachbar?
ئۇ باغچىسىدا.	Er ist in seinem Garten.

كىتابىم كىمدە؟	Bei wem ist mein Buch = wer hat mein Buch?
كىتابىڭىز مەندە.	Ihr Buch ist bei mir = ich habe Ihr Buch.

Auch die Zeitspanne, innerhalb derer etwas geschieht, wird durch den Lokativ ausgedrückt:

ئىشلارنى ئىككى كۈندە تۈگەتتۇق.	Wir haben die Arbeiten innerhalb von zwei Tagen beendet.

Erweitert um das Zugehörigkeitssuffix -كى (vgl. S. 111) entstehen Adjektive, die das Vorhandensein an einem bestimmten Ort zum Ausdruck bringen und entweder attributiv vor ein Substantiv gestellt oder selbst als Substantiv verwendet werden können:

بۇ رەسىمدىكى كىشىلەر كىم؟	Wer sind die Personen auf diesem Bild?
بۇ رەسىمدىكى كىم؟	Wer ist das auf diesem Bild?

8. Der Ablativ

Der Ablativ antwortet auf die Fragen كىمدىن *von wem,* نەدىن, قەيەردىن *woher*, نېمىدىن *wovon*, *wovor*, *woraus* sowie zeitlich *von wann* (vgl. S. 35). Das Ablativsuffix lautet دىن-:

ä, helles i	ö, ü	a, dunkles i	o, u
خەتتىن	ئۆيدىن	قىزدىن	توپتىن
دەپتەردىن	ئۆتۈكتىن	ياتاقتىن	ئوغۇلدىن
شەپكىدىن		بالىدىن	پەلتودىن

بۇ خەتنى كىمدىن ئالدىڭ؟	Von wem hast du diesen Brief bekommen?
مەن ئۇنى قىزىمدىن ئالدىم.	Ich habe ihn von meiner Tochter bekommen.

نەدىن/قەيەردىن كەلدىڭلار؟	Woher seid ihr gekommen?
بىز يېزىمىزدىن كەلدۇق.	Wir sind aus unserem Dorf gekommen.

بۇ كۆينەك نېمىدىن تىكىلگەن؟	Woraus ist dieses Hemd genäht?
ئۇ يىپەكتىن تىكىلگەن.	Es ist aus Seide genäht.

Des Weiteren gibt er die Einkaufs- und Informationsquelle, die Wegstrecke, die jemand bzw. etwas nimmt, wie auch die Ursache wieder, aus der heraus etwas geschieht:

مەن بازاردىن ئالما ئالدىم.	Ich habe auf dem Markt Äpfel gekauft.
مۈشۈك دېرىزىدىن ئۆيگە كىرىپتۇ.	Die Katze ist wohl durchs Fenster ins Haus hereingekommen.
مەن خۇشاللىقتىن نېمە قىلىشىمنى بىلمەي قالدىم.	Ich wusste vor Freude nicht, was ich tun sollte.

9. Die Genitiv-Possessiv-Konstruktion

Soll ein Eigentumsverhältnis zum Ausdruck gebracht werden und ist der Eigentümer eine dritte Person, wird er – wie im Deutschen – in den Genitiv gesetzt. Der Eigentumsgegenstand wird ihm nachgestellt und erhält grundsätzlich das Possessivsuffix der 3. Person:

شەھەرنىڭ مەركىزى	das Zentrum der Stadt

Kasus	Poss.	Plural	Substantiv
---		-لەر	مەركەز
-نىڭ			
-گە			
-نى	-(س)ى		
-دە			
-دىن			
	-لىرى		

Kasus	Poss.	Plural	Substantiv
	-(ى)م	-لەر	شەھەر
-نىڭ	-(ى)ڭ		
	-(ى)ڭىز		
	-(س)ى		
	-(ى)مىز		
	-(ى)ڭلار		
	-لىرى		

مانا بالىلىرىمىزنىڭ ياتىقى.	Seht, das ist das Zimmer unserer Kinder.
بۇ كىتابلار بالىلىرىمنىڭ دوستلىرىنىڭ.	Diese Bücher gehören den Freunden meiner Kinder.
شەھىرىمىزنىڭ مەركىزىگە بارىمەن.	Ich gehe in das Zentrum unserer Stadt.
ئانامنىڭ كۆزئەينىكىنى ئىزدەۋاتىمەن.	Ich suche die Brille meiner Mutter.
مەن قوشنىڭلارنىڭ باغچىسىدا(-مەن).	Ich bin im Garten eures Nachbarn.
مەن ئاتا-ئانامنىڭ يېزىسىدىن كەلدىم.	Ich bin aus dem Dorf meiner Eltern gekommen.

10. Zusammengesetzte Substantive

Demgegenüber werden zusammengesetzte Substantive wie z.B. *Stadtzentrum* durch eine sogenannte unvollständige Genitiv-Possessiv-Konstruktion wiedergegeben, das heißt, das erste Substantiv bleibt ohne den Genitiv, das zweite jedoch erhält das Possessivsuffix der 3. Person:

شەھەر مەركىزى	Stadtzentrum

شەھەر مەركىزىگە بارىمەن.	Ich gehe ins Stadtzentrum.

Gehört ein solcher zusammengesetzter Begriff (zu) einer bestimmten Person, entfällt das Possessivsuffix des Grundbegriffs zugunsten der im konkreten Fall erforderlichen Possessivendung:

شەھەر مەركىزىمىزگە بارىمەن.	Ich gehe in unser Stadtzentrum.

Wochentage, Monatsnamen und geographische Bezeichnungen bilden mit einer näheren Bestimmung ebenfalls ein zusammengesetztes Substantiv.

دۈشەنبە كۈنى	Montag
تارىم ئويمانلىقى	das Tarimbecken
تەكلىماكان چۆلى	die Wüste Taklamakan

Anders als die Begriffe auf -لىك (vgl. S. 111) sind die selbständig gebildeten Nationalitätsbezeichnungen reine Substantive und können daher mit einem weiteren Substantiv nur in Form eines zusammengesetzten Substantivs verbunden werden:

ئۇيغۇر تىلى	die uighurische Sprache

Daneben gibt es auch Begriffe, die dieser Regel nicht unbedingt folgen:

كۆزئەينەك	Augenglas, Brille
قول ياغلىق	Taschentuch
قول سومكىسى neben قول سومكا	Handtasche

II. Das Adjektiv

1. Der Gebrauch des Adjektivs

Das **Adjektiv** kann als Substantiv verwendet und dekliniert werden:

ئەر-ئايال، ياش-قېرى، ھەممىسى كەلدى.	Männer, Frauen, Alt (und) Jung, alle sind gekommen.
ئىككى بالام بار، چوڭى ئوغۇل، كىچىكى قىز.	Ich habe zwei Kinder; das große (von ihnen) ist ein Sohn, das kleine eine Tochter.

Steht es als Attribut vor einem Substantiv, bleibt es undekliniert:

بۇ بالىلار ياخشى ئوقۇغۇچىلار.	Diese Kinder sind gute Schüler.

Im Singular steht das Zahlwort بىر *eins* als unbestimmter Artikel meist zwischen dem Adjektiv und dem Substantiv:

بۇ بالا ياخشى بىر ئوقۇغۇچى.	Dieses Kind ist ein guter Schüler.

An erster Stelle wird بىر vor allem dann genannt, wenn es als Zahlwort verstanden werden soll. Dieses Prinzip gilt auch für die übrigen Zahlwörter und Mengenangaben:

بۇ سىنىپتا سەككىز ياخشى ئوقۇغۇچى بار.	In dieser Klasse gibt es acht gute Schüler.

Das Adjektiv dient auch als Prädikatsnomen sowie als Adverb:

بۇ كىنو ياخشى.	Dieser Film ist gut.
تۇيغۇرچىنى ياخشى سۆزلەيدىكەنسىز.	Sie sprechen gut Uighurisch.

2. Der Komparativ

Mit Hilfe des Suffixes -رەك wird ein Adjektiv in seiner Bedeutung einerseits gesteigert, andererseits aber auch etwas eingeschränkt:

چوڭ	groß	چوڭراق	größer
كىچىك	klein	كىچىكرەك	kleiner
كۆپ	viel	كۆپرەك	mehr
ئاز	wenig	ئازراق	weniger, ein wenig
تېز	schnell	تېزرەك	schneller
ئاستا	langsam	ئاستىراق	langsamer
ياخشى	gut	ياخشىراق	besser

قەشقەر ئىسسىق، لېكىن تۇرپان ئىسسىقراق.	Kaschghar ist heiß, doch Turfan ist heißer.

Das vergleichende *als* wird durch den Ablativ des verglichenen Nomens ausgedrückt:

تۇرپان قەشقەردىن ئىسسىق.	Turfan ist heißer als Kaschghar.

Durch zusätzliches -رەك wird der Kontrast gemildert; durch Anfügen der Partikel -مۇ an den Ablativ oder durch Hintanstellung von تېخىمۇ *noch mehr* wird er verstärkt:

تۇرپان قەشقەردىن ئىسسىقراق.	Turfan ist (geringfügig) heißer als Kaschghar.
تۇرپان قەشقەردىنمۇ ئىسسىق/ تۇرپان قەشقەردىن تېخىمۇ ئىسسىق.	Turfan ist noch heißer als Kaschghar.

Häufig verwendet das Uighurische bei Vergleichen auch die Postposition قارىغاندا *im Vergleich, mit Blick auf* (vgl. S. 40):

قەشقەرگە قارىغاندا تۇرپان ئىسسىق.	Im Vergleich zu Kaschghar ist Turfan heiß.

3. Der Superlativ

Zur Bildung des Superlativ stellt man vor das Adjektiv das Wort **ئەڭ** *am meisten*:

ئەڭ يېقىن ئاپتوبۇس كۆتۈش ئورنى نەدە/ قەيەردە؟	Wo ist die nächste Bushaltestelle?

4. Intensivformen

Durch Ausdrücke wie **بەك**, **خېلى** *sehr*, *ziemlich*, **ناھايىتى** *äußerst*, **ئىنتايىن** *außerordentlich*, **ئاجايىپ** *phantastisch*, **يامان** *schlimm*, eine Komparativ-Form oder auch durch Verdoppelung kann ein Adjektiv in seiner Bedeutung verstärkt werden:

بەك قىممەت	sehr teuer, zu teuer	يامان ياخشى	verdammt gut
خېلى چوڭ	ziemlich groß	ئاقتىن ئاق	weißer als weiß
ناھايىتى خوشال	höchst erfreut	ھەممىدىن ياخشى	besser als alles
ئىنتايىن تاتلىق	außerordentlich süß	ئاستا، ئاستا	ganz langsam

ئانچە *sehr*, *besonders* wird nur in verneinten Sätzen verwendet:

بۇ كىنو ئانچە ياخشى ئەمەس.	Dieser Film ist nicht besonders gut.

Daneben gibt es Intensivformen, die dadurch entstehen, dass man die ersten beiden Buchstaben, bei vokalisch anlautenden Adjektiven den Anfangsvokal, verdoppelt und ein **پ** einschiebt:

قارا	schwarz	قاپقارا	tiefschwarz
ئاق	weiß	ئاپاق	schneeweiß
قىزىل	rot	قىپقىزىل	knallrot
كۆك	blau	كۆپكۆك	blitzblau
يېڭى	neu	يېپيېڭى	nagelneu
قاراڭغۇ	dunkel	قاپقاراڭغۇ	stockfinster
توغرا	richtig	توپتوغرا	ganz richtig

III. Das Adverb

Die Adverbien bilden im Uighurischen keine in sich geschlossene Wortklasse. Zur Bezeichnung des Ortes verwendet es die Begriffe ماۋۇ يەردە *hier,* ئاۋۇ يەردە *dort*, ئىچكىردە *drinnen*, تاشقىردا *draußen*, يۇقىردا *oben*, تۆۋەندە *unten*, ئوڭ تەرەپتە *rechts*, سول تەرەپتە *links*, بىر يەردە *irgendwo*, ھېچيەردە (+ Neg.) *nirgends*, ھەريەردە *überall*:

مەرھەمەت، بۇ يەردە ساقلاپ تۇرۇڭ!	Bitte warten Sie hier!

Zur Bezeichnung des Ausgangspunktes bzw. des Ziels einer Bewegung erhalten sie anstelle des Lokativsuffixes das Ablativ- bzw. das Dativsuffix:

بۇغدا كۆلى بۇ يەردىن يىراقمۇ؟	Ist der Bughda-See weit von hier?
سىز بۇ يەرگە كەلگىلى ئۇزۇن بولدىمۇ؟	Ist es lange her, dass Sie hierher gekommen sind?

Entsprechungen deutscher Temporaladverbien sind ئۈلۈشكۈن *vorgestern*, تۈنۈگۈن *gestern*, بۈگۈن *heute*, ئەتە *morgen*, ئۆگۈن *übermorgen*, ئەمدى *jetzt*, ھازىر *jetzt, gleich*, دەرھال *sofort*, ھەر دائىم *immer, stets*, بەزىدە *manchmal*, يېقىندا *kürzlich, in Kürze*, قاچاندۇر بىر چاغدا *irgendwann*, ھېچقاچان (+ Neg.) *niemals,* ھەرقاچان *jederzeit,* ئۇ چاغدا *damals*:

ئەمدى نېمە قىلايلى؟	Was sollen wir jetzt tun?
مۇئەللىم ھازىرغىچە كەلمەپتۇ.	Der Lehrer ist bis jetzt (noch) nicht gekommen.
مۇئەللىم ھازىر كېلىدۇ.	Der Lehrer kommt gleich.

Als Modaladverbien dienen بەلكى *vielleicht*, خۇشاللىق بىلەن *gerne*, *mit Vergnügen*, بۇنداق ,شۇنداق ,ئۇنداق *so*, *derart*, ئەپسۇس، بەختكە قارشى *leider* sowie nahezu alle beschreibenden Adjektive, ausgenommen diejenigen auf -لىك (vgl. S. 20, 110).

IV. Pronomina

1. Demonstrativpronomina

Das Uighurische besitzt folgende Demonstrativpronomina:

بۇ	dieser, diese, dieses	(in unmittelbarer Nähe)
ئۇ	jener, jene, jenes	(in einiger Entfernung)
شۇ	der, die, das besagte	(entfernt oder bereits erwähnt)

Häufig verbinden sich die Demonstrativpronomina mit den Deutewörtern مانا *sieh hier* und ئەنە *sieh da* zu folgenden weiteren Bildungen:

ماۋۇ	dieser, diese, dieses hier
ئاۋۇ	jener, jene, jenes dort
مۇشۇ	genau der, genau die, genau das

Stehen sie attributiv vor einem Substantiv, bleiben sie undekliniert:

بۇ كىتابنى ئوقۇدۇڭمۇ؟	Hast du dieses Buch gelesen?
ماۋۇ كىتابنى ئوقۇدۇڭمۇ؟	Hast du das Buch hier gelesen?

Werden sie substantivisch gebraucht, dient bei der Deklination – ausgenommen beim Akkusativ – der Genitiv als Grundform, auf den dann das Dativ-, Lokativ- oder Ablativsuffix folgen:

بۇ	ماۋۇ	ئۇ	ئاۋۇ	شۇ	مۇشۇ
بۇنىڭ	ماۋۇنىڭ	ئۇنىڭ	ئاۋۇنىڭ	شۇنىڭ	مۇشۇنىڭ
بۇنىڭغا	ماۋۇنىڭغا	ئۇنىڭغا	ئاۋۇنىڭغا	شۇنىڭغا	مۇشۇنىڭغا
بۇنى	ماۋۇنى	ئۇنى	ئاۋۇنى	شۇنى	مۇشۇنى
بۇنىڭدا	ماۋۇنىڭدا	ئۇنىڭدا	ئاۋۇنىڭدا	شۇنىڭدا	مۇشۇنىڭدا
بۇنىڭدىن	ماۋۇنىڭدىن	ئۇنىڭدىن	ئاۋۇنىڭدىن	شۇنىڭدىن	مۇشۇنىڭدىن

سەن بۇنى ئوقۇدۇڭمۇ؟	Hast du das gelesen?
سەن ماۋۇنى ئوقۇدۇڭمۇ؟	Hast du das hier gelesen?

ئالار شۇمۇ؟	Sind das diejenigen (von denen du gesprochen hast)?
ھەئە، شۇ.	Ja, genau die.

ئۇ قەلەم بولمايدۇ، ماۋۇنىڭ بىلەن ياز!	Der Stift geht nicht; schreibe mit dem hier!
مانا ئىسمىم ۋە ادرېسىم.	Hier, bitte sehr, mein Name und meine Adresse.

2. Personalpronomina

Die Uighurischen Personalpronomina lauten:

مەن		ich		بىز	wir
سەن	du	سىز	Sie (Sg.)	سىلەر	ihr, Sie (Pl.)
ئۇ		er, sie		ئۇلار	sie

Für die 2. Person Singular kennt das Uighurische zwei Personalpronomina: سەن wird ausschließlich im vertrauten Umgang verwendet, während سىز die unter Erwachsenen gebräuchliche Form der Anrede ist. Die hier gewählte deutsche Wiedergabe mit *du* und *Sie* wird diesem Sachverhalt daher nicht ganz gerecht.

Im Nominativ dienen die Personalpronomina der Bezeichnung der einzelnen Personen beim Hilfsverb *sein* im Präsens (vgl. S. 42):

مەن ئوقۇغۇچى.	Ich bin Student.
سىلەر ئۇيغۇرمۇ؟	Seid ihr Uighuren?

Die Deklination ist weitgehend regelmäßig. Eine Ausnahme bilden lediglich مەن und سەن: im Dativ verändern sie ihren Vokal in ا, darüber hinaus erhalten sie zur Vermeidung von Doppelkonsonanz im Genitiv und Akkusativ nur jeweils ein ن:

مەن	ich	بىز	wir
مېنىڭ	meiner	بىزنىڭ	unser
ماڭا	mir	بىزگە	uns
مېنى	mich	بىزنى	uns
مەندە	bei mir	بىزدە	bei uns
مەندىن	von mir	بىزدىن	von uns

سەن	du	سىز	Sie (Sg.)	سىلەر	ihr, Sie (Pl.)
سېنىڭ	deiner	سىزنىڭ	Ihrer	سىلەرنىڭ	eurer, Ihrer
ساڭا	dir	سىزگە	Ihnen	سىلەرگە	euch, Ihnen
سېنى	dich	سىزنى	Sie	سىلەرنى	euch, Sie
سەندە	bei dir	سىزدە	bei Ihnen	سىلەردە	bei euch/Ihnen
سەندىن	von dir	سىزدىن	von Ihnen	سىلەردىن	von euch/Ihnen

ئۇ	er, sie	ئۇلار	sie
ئۇنىڭ	seiner, ihrer	ئۇلارنىڭ	ihrer
ئۇنىڭغا	ihm, ihr	ئۇلارغا	ihnen
ئۇنى	ihn, sie	ئۇلارنى	sie
ئۇنىڭدا	bei ihm/ihr	ئۇلاردا	bei ihnen
ئۇنىڭدىن	von ihm/ihr	ئۇلاردىن	von ihnen

سىلەرگە نېمە كېرەك؟	Was braucht ihr?
بىزگە نان كېرەك.	Wir brauchen Brot.

لۇغىتىم سەندىمۇ؟	Hast du mein Wörterbuch?
ياق، لۇغىتىڭ مەندە ئەمەس.	Nein, ich habe dein Wörterbuch nicht.

باللىرىڭىزغا مەندىن سالام ئېيتىپ قويۇڭ!	Sagen Sie Ihren Kindern einen Gruß von mir!

Ein *es* als formales Subjekt verwendet das Uighurische nicht:

بۈگۈن ھاۋا ئىسسىق.	Heute ist das Wetter/die Luft heiß = heute ist es heiß.

3. Possessivpronomina

Die Genitive der Personalpronomina können als Possessivpronomina verstanden werden. Da das Uighurische jedoch den Gebrauch der Possessivsuffixe bevorzugt, werden die Personalpronomina im Genitiv gewissermaßen zur Betonung des Besitzverhältnisses zusätzlich vorangestellt:

ماۋۇ (بىزنىڭ) ئۆيىمىز.	Das hier ist unser Haus.

Allerdings gibt es häufig gebrauchte Wendungen, bei denen zugunsten des Possessivpronomens ganz auf das Possessivsuffix verzichtet wird:

ماۋۇ بىزنىڭ ئۆي.	Dies hier ist unser Zuhause.

Wie beim Substantiv dient auch hier der Genitiv als Prädikatsnomen dazu, *gehören* zum Ausdruck zu bringen (vgl. S. 13):

بۇ ئۆي بىزنىڭ.	Dieses Haus gehört uns.
بۇ ئۆي بىزنىڭكى.	Dieses Haus ist unseres.

4. Das Reflexivpronomen

Das deutsche Reflexivpronomen *selbst* ist im Uighurischen ein Substantiv: ئۆز *das Selbst*. Die Personenbezeichnungen werden durch die Possessivsuffixe ausgedrückt:

		ئۆزۈم	ich selbst	ئۆزىمىز	wir selbst
ئۆزۈڭ	du selbst	ئۆزىڭىز	Sie selbst	ئۆزۈڭلار	ihr/Sie selbst
		ئۆزى	er/sie selbst	ئۆزلىرى	sie selbst

مەن ئۆزۈم شەھەرگە بارىمەن.	Ich werde selbst in die Stadt fahren.
يولنى ئۆزۈڭ تاپالامسەن؟	Wirst du den Weg selbst finden können?

تاماقنى ئۆزۈڭلار ئەتتىڭلارمۇ؟	Habt ihr das Essen selbst gemacht?
تاماقنى ئۆزىمىز ئەتتۇق.	Das Essen haben wir selbst gemacht.

In der 3. Person kann das jeweilige Substantiv mit ئۆز eine Genitiv-Possessiv-Konstruktion bilden:

ئاتام(-نىڭ) ئۆزى شەھەرگە بارىدۇ.	Mein Vater wird selbst in die Stadt fahren.

Die Deklination ist regelmäßig:

مەن ئۆزۈمگە بىر ۋېلىسىپىت ئالدىم.	Ich habe mir ein Fahrrad gekauft.
مەن ئۆزۈمنى تونۇشتۇراي.	Ich möchte mich vorstellen.
ئۆزىمىزنى خېلى ياخشى ھېس قىلىۋاتىمىز.	Wir fühlen uns sehr wohl.

Häufig tritt ئۆز auch an die Stelle des Personal- bzw. Possessivpronomens:

ئۆزۈم ئوقۇغۇچىمەن.	Ich (selbst/persönlich) bin Student.
بۇلار ئۆزىمىزنىڭ بالىلىرىمىز.	Das sind unsere Kinder.
بۇ كىتابلار ئۆزۈمنىڭ ئەمەس.	Diese Bücher gehören mir nicht.

Attributiv und damit nicht mehr deklinierbar vor ein Substantiv mit Possessivsuffix gestellt, entspricht ئۆز dem deutschen *eigen*:

مەن ئۇنى ئۆز كۆزۈم بىلەن كۆردۈم.	Ich habe es mit meinen eigenen Augen gesehen.
بۇلار (بىزنىڭ) ئۆز كىتابلىرىمىز.	Das sind unsere eigenen Bücher.

Das attributive ئۆز kann zusätzlich vor das Substantiv ئۆز gestellt werden:

ئۆز ئۆزىڭىزگە ئىشىنىشىڭىز كېرەك.	Sie müssen an Ihr eigenes Selbst glauben = Sie müssen an sich selbst glauben.

Das Substantiv ئۆزلۈك mit Possessiv- und Ablativsuffix drückt aus, dass etwas von ganz alleine und ohne äußere Einwirkung erfolgt ist:

مەسىلە ئۆزلۈكىدىن ھەل بولدى.	Das Problem hat sich von alleine gelöst.

5. Das reziproke Pronomen

Das uighurische reziproke Pronomen lautet بىر بىر. Die Personenbezeichnungen erhält es ebenfalls durch Anfügung der Possessivsuffixe:

بىر بىرىمىزنى ياخشى كۆرىمىز.	Wir lieben einander.
بىر بىرىڭلارغا ئوخشايسىلەر.	Ihr seht einander ähnlich.
باللار بىر بىرى بىلەن ئوينايدۇ.	Die Kinder spielen miteinander.

6. Indefinitpronomina

Anstelle des deutschen Indefinitpronomens *man* verwendet das Uighurische das Aktiv oder auch das Passiv in der 3. Person Singular:

بۇنى ئۇيغۇرچە نېمە دەيدۇ؟	Wie sagt man dazu auf Uighurisch?
گىلەم نەدە/قەيەردە سېتىلىدۇ؟	Wo verkauft man Teppiche?

Im Übrigen kennt das Uighurische keine unterschiedlichen Begriffe für bejahte und verneinte Indefinitpronomina, da Bejahung wie Verneinung eines uighurischen Satzes innerhalb des Prädikats erfolgen.

Fragewörter wie كىم *wer* erhalten zur Verstärkung der Bejahung entweder die Vorsilbe -ئاللا *irgend* oder das Suffix دۇ-, meist ergänzt um بىرى *einer*; zur Verstärkung der Verneinung dient das Wort ھېچ *überhaupt*:

كىمدۇ بىرى ئېشىكنى چەكتى.	Es hat jemand an die Türe geklopft.
ھېچكىمنى كۆرمەيۋاتىمەن.	Ich sehe niemanden.

Dem Indefinitpronomen *etwas* entsprechen neben ئاللىنېمە die Begriffe نېمىدۇ بىر نەرسە oder بىرەر نەرسە *irgend eine Sache*; die Negation erfolgt auch hier durch ھېچ:

(نېمىدۇ) بىر نەرسە ئالدىڭلارمۇ؟	Habt ihr etwas gekauft?
ھېچ نەرسە ئالمىدۇق.	Wir haben nichts gekauft.

7. Interrogativpronomina

Die wichtigsten Interrogativpronomina sind كىم *wer,* نېمە *was,* قايسى *welcher.*

كىم wird regelmäßig dekliniert: كىملەر *wer alles,* كىمنىڭ *wessen*, كىمگە *wem*, كىمنى *wen*, كىمدە *bei wem*, كىمدىن *von wem.*

Auf نېمە/نە sowie auf قە-/قا- basieren folgende teilweise synonyme Begriffe: نېمىلەر *was alles*, نېمىگە *wonach*, نېمىشقا *zu welchem Zweck, wozu*, نېمىدىن *wovon*, *wovor*, *woraus*, نېمە ئۈچۈن *warum*, نەگە *wohin*, نەدە *wo*, نەدىن *woher*, نەلىك *woher stammend*, نەچچە *wie viele*, نەچچىنچى *der/die wievielte*, نەچچەيلەن *zu wievielt*;

قەيەر *welcher Ort*, قەيەرگە *wohin*, قەيەردە *wo*, قەيەردىن *woher*, قەيەرلىك *woher stammend*, قاچان *wann*, قانداق(-راق) *was für*, *wie, von welcher Art,* قانچە *wie viel,* قانچىلىك *welche Menge*, قانچەيلەن *zu wievielt,* قانچىدىن *je wie viele.*

Die Wortfolge ist im Uighurischen bei Fragesätzen und Aussagesätzen die gleiche, d.h. das Fragepronomen steht nicht grundsätzlich am Satzanfang; es erhält jedoch die **Betonung** innerhalb eines Satzes:

بىزگە نان كېرەك.	Wir brauchen Brot.
سىلەرگە نېمە كېرەك؟	Was braucht ihr?

بۇ ئاپتوبۇس ئۈرۈمچىگە بارىدۇ.	Dieser Bus fährt nach Ürümtschi.
بۇ ئاپتوبۇس نەگە/قەيەرگە بارىدۇ؟	Wohin fährt dieser Bus?

بۇ قىزىمنىڭ كىتابى.	Das ist das Buch meiner Tochter.
بۇ كىمنىڭ كىتابى؟	Wessen Buch ist das?

مېھمانلار تۈنۈگۈن كەلدى.	Die Gäste sind gestern gekommen.
مېھمانلار قاچان كەلدى؟	Wann sind die Gäste gekommen?

ئاشخانا ياخشى.	Das Restaurant ist gut.
ئاشخانا قانداق(-راق)؟	Wie ist das Restaurant?

ئۇ ياخشى ئاشخانا.	Das ist ein gutes Restaurant.
بۇ قانداق ئاشخانا؟	Was für ein Restaurant ist das?

8. Die Fragepartikel -مۇ

Für Fragen, die mit *ja* oder *nein* beantwortet werden, verwendet das Uighurische die Partikel -مۇ, bei sehr großem Erstaunen auch -ما, mit deren Hilfe jeder Aussagesatz zu einem Fragesatz wird:

سىز ئۇيغۇرمۇ؟	Sind Sie Uighure?
سىز ئۇيغۇرما؟	Sie sind tatsächlich Uighure?

Innerhalb eines Satzes hat sie keinen festen Platz; sie wird stets hinter das Wort gestellt, auf dem das Gewicht der Frage liegt. Gleichzeitig zieht sie die **Betonung** auf die ihr unmittelbar vorausgehende Silbe:

تۇرسۇن كەلدىمۇ؟	Ist Tursun **gekommen**?
تۇرسۇنمۇ كەلدى؟	Ist **Tursun** gekommen?

Auch können durch mehrfachen Einsatz Alternativfragen zum Ausdruck gebracht werden; die Konjunktion ياكى *oder* (vgl. S. 105) ist in diesem Zusammenhang entbehrlich:

تۇرسۇن كەلدىمۇ كەلمىدىمۇ؟	Ist Tursun gekommen oder nicht?
بالىڭىز ئوغۇلمۇ قىزمۇ؟	Ist Ihr Kind ein Sohn oder eine Tochter?

V. Die Zahlen

1. Kardinalzahlen

Die uighurischen Zahlwörter lauten:

بىر	1	ئون	10	(بىر) يۈز	100	(بىر) مىڭ	1000
ئىككى	2	يىگىرمە	20	ئىككى يۈز	200	ئىككى مىڭ	2000
ئۈچ	3	ئوتتۇز	30	ئۈچ يۈز	300	ئۈچ مىڭ	3000
تۆت	4	قىرىق	40	تۆت يۈز	400	تۆت مىڭ	4000
بەش	5	ئەللىك	50	بەش يۈز	500	بەش مىڭ	5000
ئالتە	6	ئاتمىش	60	ئالتە يۈز	600	ئالتە مىڭ	6000
يەتتە	7	يەتمىش	70	يەتتە يۈز	700	يەتتە مىڭ	7000
سەككىز	8	سەكسەن	80	سەككىز يۈز	800	سەككىز مىڭ	8000
توققۇز	9	توقسان	90	توققۇز يۈز	900	توققۇز مىڭ	9000

Zusammengesetzte Zahlen werden durch Hintereinanderstellung von Tausender-, Hunderter-, Zehner- und Einerzahlen gebildet:

يىگىرمە بىر	21
ئۈچ يۈز يىگىرمە بىر	321
تۆت مىڭ ئۈچ يۈز يىگىرمە بىر	4.321
ئەللىك تۆت مىڭ ئۈچ يۈز يىگىرمە بىر	54.321

Die Zahlwörter werden einerseits attributiv vor ein Substantiv gestellt:

مەكتىپىمىزدە ئىككى مىڭ ئوقۇغۇچى بار.	An unserer Schule gibt es 2000 Schüler.

Andererseits können sie selbst als Substantive auftreten:

ئۈچ بالام بار، ئىككىسى ئوغۇل، بىرى قىز.	Ich habe drei Kinder, zwei (davon) Söhne, eines (davon) eine Tochter.

مەن، ئەخمەت، تۇرسۇن ئۈچىمىز شەھەرگە باردۇق.	Ich, Ähmät (und) Tursun, wir drei sind in die Stadt gegangen.

Zusätzlich besitzt das Uighurische ein eigenes Kollektivsuffix **يلەن(ە)-**, um eine Anzahl von Personen zu bezeichnen:

مەن، ئەخمەت، تۇرسۇن ئۈچەيلەن شەھەرگە باردۇق.	Ich, Ähmät (und) Tursun sind zu dritt in die Stadt gegangen.

2. Ordinalzahlen

Zur Bildung von Ordinalzahlen tritt an die Zahlwörter jeweils das Suffix **ىنچى-**; Zahlwörter, die auf Vokal enden, verlieren ihren Endvokal:

بىرىنچى	1.	ئالتىنچى	6.
ئىككىنچى	2.	يەتتىنچى	7.
ئۈچىنچى	3.	سەككىزىنچى	8.
تۆتىنچى	4.	توققۇزىنچى	9.
بەشىنچى	5.	ئونىنچى	10.

سىز نەچچىنچى قەۋەتتە تۇرىسىز؟	Im wievielten Stock wohnen Sie?
مەن ئۈچىنچى قەۋەتتە تۇرىمەن.	Ich wohne im dritten Stock.

3. Das Datum

Für Datumsangaben verwendet das Uighurische neben den aus dem Persischen stammenden Bezeichnungen für die Wochentage und den aus dem Russischen übernommenen Monatsnamen auch die einfachen Zahlen oder Ordinalzahlen:

بۈگۈن كۈنگە نېمە؟	Welcher Tag ist heute?
بۈگۈن دۈشەنبە.	Heute ist Montag.
بۈگۈن ھەپتىنىڭ نەچچىنچى كۈنى؟	Der wievielte Tag der Woche ist heute?
بۈگۈن ھەپتىنىڭ بىرىنچى كۈنى.	Heute ist der erste Tag der Woche.

بۈگۈن چېسلاغا نەچچە؟	Welches Datum ist heute?
بۈگۈن بەشىنچى يانۋار/ بۈگۈن بىرىنچى ئاينىڭ بەشىنچى كۈنى.	Heute ist der 5. Januar/ heute ist der 5. Tag des 1. Monats.

Die Zahlen von *eins* bis *zehn* werden ausgeschrieben; bei der Schreibung der übrigen Zahlen wird hinter die Ordinalzahl jeweils ein Bindestrich gesetzt:

بۈگۈن **2012**-يىل بىرىنچى ئاينىڭ بەشىنچى كۈنى.	Heute ist der 5. Januar 2012.

4. Die Uhrzeit

Das Wort سائەت bedeutet sowohl *Uhr* als auch *Stunde*:

بىز ئىككى سائەت ئىشلىدۇق.	Wir haben zwei Stunden gearbeitet.

Zur Angabe der Uhrzeit wird das Zahlwort prädikativ gebraucht, d.h. es wird an das Satzende gestellt:

	سائەت نەچچە/قانچە بولدى؟	Wie viel Uhr ist es geworden?
2:00	سائەت ئىككى.	Es ist zwei Uhr.
2:05	سائەت ئىككىدىن بەش مىنۇت ئۆتتى.	An zwei Uhr sind fünf Minuten vorbeigegangen.
2:15	سائەت ئىككىدىن ئون بەش مىنۇت ئۆتتى/ سائەت ئىككىدىن چەرەك ئۆتتى.	An zwei Uhr sind fünfzehn Minuten vorbeigegangen/ an zwei Uhr ist ein Viertel vorbeigegangen.
2:30	سائەت ئىككى يېرىم.	Es ist zwei ein halb Uhr.
2:45	سائەت ئۈچكە ئون بەش مىنۇت قالدى/ سائەت ئۈچكە چەرەك قالدى.	Bis drei Uhr sind fünfzehn Minuten geblieben/ bis drei Uhr ist ein Viertel geblieben.
2:55	سائەت ئۈچكە بەش مىنۇت قالدى.	Bis drei Uhr sind fünf Minuten geblieben.
3:00	سائەت ئۈچ.	Es ist drei Uhr.

Weitere Zeitangaben sind:

07:00	ئەتىگەن سائەت يەتتە	sieben Uhr morgens
10:00	چۈشتىن بۇرۇن سائەت ئون	zehn Uhr vormittags
12:00	كۈندۈز سائەت ئون ئىككى	zwölf Uhr tags
12:30	سائەت ئون ئىككى يېرىم	halb eins
15:00	چۈشتىن كېيىن سائەت ئۈچ	drei Uhr nachmittags
19:00	كەچ سائەت يەتتە	sieben Uhr abends
24:00	كېچە سائەت ئون ئىككى/ يېرىم كېچە	zwölf Uhr nachts/ Mitternacht

Im Zusammenhang mit der Uhrzeit übernimmt das Lokativsuffix die Funktion der deutschen Präposition *um*:

	سائەت نەچچىدە/قانچىدا كېلىسىلەر؟	Um wie viel Uhr kommt ihr?
2:00	سائەت ئىككىدە.	Um zwei Uhr.
2:05	سائەت ئىككىدىن بەش مىنۇت ئۆتكەندە.	Wenn an zwei Uhr fünf Minuten vorbeigehen.
2:15	سائەت ئىككىدىن ئون بەش مىنۇت ئۆتكەندە سائەت ئىككىدىن چەرەك ئۆتكەندە.	Wenn an zwei Uhr fünfzehn Minuten vorbeigehen/ wenn an zwei Uhr ein Viertel vorbeigehen.
2:30	سائەت ئىككى يېرىمدا.	Um zwei ein halb Uhr.
2:45	سائەت ئۈچكە ئون بەش مىنۇت قالغاندا سائەت ئۈچكە چەرەك قالغاندا.	Wenn bis drei Uhr 15 Minuten bleiben/ wenn bis drei Uhr ein Viertel bleiben.
2:55	سائەت ئۈچكە بەش مىنۇت قالغاندا.	Wenn bis drei Uhr fünf Minuten bleiben.
3:00	سائەت ئۈچتە.	Um drei Uhr.

Wie der Lokativ können auch der Ablativ und der Dativ zeitliche Bedeutung haben, dabei erhält der Dativ zusätzlich das Suffix چە- (vgl. S. 114):

سائەت ئىككىدىن ئۈچكىچە ئىشلىدىم.	Ich habe von zwei bis drei Uhr gearbeitet.

5. Alter

Die Frage nach dem Alter kann auf zweierlei Art erfolgen:

سىز قانچە ياشتا(-سىز)؟	Wie alt sind Sie?
مەن يىگىرمە ياشتا.	Ich bin zwanzig Jahre alt.

سىز قانچە ياشقا كىردىڭىز؟	Wie alt sind Sie?
مەن يىگىرمە ياشقا كىردىم.	Ich bin zwanzig Jahre alt.

6. Bruchzahlen

Bruchzahlen werden im Uighurischen gebildet, indem man zuerst den Nenner angibt, ihn in den Ablativ setzt und anschließend den Zähler nennt:

3/5	بەشتىن ئۈچ	drei von fünf = drei Fünftel

Das gleiche Prinzip gilt auch für Dezimal- und Prozentangaben; daneben wird für Prozentangaben auch das Substantiv پىرسەنت verwendet:

5/10	ئوندىن بەش	fünf von zehn = fünf Zehntel
1,5	بىر پۈتۈن ئوندىن بەش	ein Ganzes, fünf Zehntel
3,25	ئۈچ پۈتۈن يۈزدىن يىگىرمە بەش	drei Ganze, fünfundzwanzig Hundertstel
25%	يىگىرمە بەش پىرسەنت	fünfundzwanzig Prozent

7. Distributivzahlen

Die Bildung von sogenannten Distributivzahlen erfolgt ebenfalls durch Anfügung des Ablativs, der entweder an das Zahlwort selbst oder an das auf das Zahlwort folgende Substantiv angefügt wird:

مەن ھەر كۈنى ئالتە سائەتتىن ئىشلەيمەن.	Ich arbeite jeden Tag sechs Stunden.
بىر چىنىدىن چاي ئىچەيلى.	Lasst uns jeder eine Schale Tee trinken.

VI. Postpositionen

Die sogenannten Verhältniswörter werden im Uighurischen hinter das Nomen gestellt. Was in anderen Sprachen als **Prä**positionen bezeichnet wird, sind hier demnach **Post**positionen. Bei der Aussprache ist darauf zu achten, dass zwischen Bezugswort und Postposition keine Gesprächslücke entsteht.

1. Postpositionen mit dem Nominativ

Bei folgenden Postpositionen bleibt das Substantiv in seiner Grundform:

بىلەن *mit*:

مەن تۇرسۇن بىلەن ئىككى سائەت پاراڭلاشتىم.	Ich habe mich zwei Stunden mit Tursun unterhalten.
بىز ئاپتوبۇس بىلەن كەلدۇق.	Wir sind mit dem Bus gekommen.

Zwischen zwei Begriffe gestellt drückt بىلەن eine stärkere Gemeinsamkeit als ۋە *und* aus:

بۇلار ئوغلۇم بىلەن قىزىم.	Dies sind mein Sohn und meine Tochter.
تۇرسۇن بىلەن ئەركىن قوشنا.	Tursun und Ärkin sind Nachbarn.

ئارقىلىق *mittels, per, durch, über*:

مەن تېلېفون ئارقىلىق ئورۇن زاكاز قىلغان ئىدىم.	Ich hatte telefonisch Plätze reserviert.
بىز ئۈرۈمچى ئارقىلىق كەلدۇق.	Wir sind (auf dem Weg) über Ürümtschi gekommen.
ئىنسانلار تىل ئارقىلىق بىر بىرىنى چۈشىنىدۇ ۋە ئۆزارا پىكىر ئالماشتۇرىدۇ.	Mittels der Sprache verständigen sich die Menschen und tauschen untereinander Gedanken aus.

تۇغرۇلۇق ,توغرىسىدا *betreffend, über*:

ئۇيغۇر تاماقلىرى توغرىسىدا كىتابىڭىز بارمۇ؟	Haben Sie ein Buch/Bücher über uighurische Speisen?
بۇ شەھەر توغرۇلۇق ھېچ نەرسە بىلمەيمەن.	Ich weiß nichts über diese Stadt.

قاتارلىق *(dergleichen) wie:*

بازاردا ئالما, ئۈزۈم, ئۆرۈك, شاپتۇل قاتارلىق مېۋىلەر بار.	Auf dem Markt gibt es Früchte wie Äpfel, Trauben, Aprikosen (und) Pfirsiche.

ئۈچۈن *für, wegen:*

مەن بۇ كۆينەكنى ئوغلۇم ئۈچۈن ئالدىم.	Ich habe dieses Hemd für meinen Sohn gekauft.
مەن پەقەت سىلەر ئۈچۈن كەلدىم.	Ich bin nur euretwegen gekommen.

Während die Personalpronomina der 1. und 2. Personen Singular in Verbindung mit بىلەن und ئۈچۈن auch im Genitiv stehen können, sind die Demonstrativpronomina und damit auch das Personalpronomen für die 3. Person Singular immer in den Genitiv zu setzen:

مەن ئۇنىڭ بىلەن ئىككى سائەت پاراڭلاشتىم.	Ich habe mich zwei Stunden mit ihm/ihr unterhalten.
مەن ئاغرىپ قالغدىم، شۇنىڭ ئۈچۈن بۈگۈن دەرسكە بارالمىدىم.	Ich bin erkrankt, deshalb konnte ich heute nicht zum Unterricht gehen.

2. Postpositionen mit dem Genitiv

Als Entsprechung deutscher Präpositionen mit lokaler Bedeutung wie *vor, hinter, neben* etc. verwendet das Uighurische Substantive, die regelmäßig dekliniert werden:

ئالد	Vorderseite; vor	ئارا	Zwischenraum; zwischen
ئارقا	Rückseite; hinter	ئۈست	Oberseite; oberhalb, auf
يان	Seite; neben, bei	ئاست	Unterseite; unter
قارشى	Gegenüber; gegenüber	ئىچ	Inneres; innerhalb, in
ئوتتۇرا	Mitte; inmitten	سىرت	Äußeres; außerhalb

Da sie mit einem vorausgehenden Substantiv oder Pronomen eine Genitiv-Possessiv-Verbindung eingehen, können sie als Postpositionen mit dem Genitiv bezeichnet werden.

باللار ئالدىمىزدا توختىدى.	Die Kinder sind vor uns stehen geblieben.
باللار ئۆيىمىزنىڭ ئالدىدا توختىدى.	Die Kinder sind vor unserem Haus stehen geblieben.
باللار ئۆيىمىزنىڭ ئالدىدىن ئۆتتى.	Die Kinder sind vor unserem Haus vorbeigegangen.

باللار ئۆيلىرىمىزنىڭ ئارىسىدىن ئۆتتى.	Die Kinder sind zwischen unseren Häusern hindurchgegangen.

Gehen zwei Substantive voraus, wird das sie verbindende *und* durch بىلەن ausgedrückt und nur das zweite Substantiv wird dekliniert:

باللار مەكتەپ بىلەن ئۆيىمىزنىڭ ئارىسىدىن ئۆتتى.	Die Kinder sind zwischen unserer Schule und unserem Haus hindurch gegangen.

3. Postpositionen mit dem Dativ

Folgende Postpositionen regieren den Dativ:

قاراپ *mit Blick auf, in Richtung*:

بىز كۆلگە قاراپ يۈگۈردۇق.	Wir sind in Richtung See gelaufen.

قەدەر (räumlich und zeitlich) *bis:*

قەشقەردىن خوتەنگە قەدەر ماڭدۇق.	Wir sind von Kaschghar bis Khotan gereist.
مەن **89**-يىلدىن **94**-يىلغا قەدەر ئوتتۇرا مەكتەپتە ئوقۇدۇم.	Ich habe von 1989 bis 1994 an der Mittelschule studiert.

قارىغاندا, نىسبەتەن *mit Blick auf, im Vergleich zu*:

قەشقەرگە قارىغاندا تۇرپان ئىسسىق.	Im Vergleich zu Kaschghar ist Turfan heiß.

قارىماستىن *ungeachtet, trotz*:

يامغۇرغا قارىماستىن شەھەرگە باردۇق.	Wir sind trotz des Regens in die Stadt gefahren.

يارىشا *entsprechend*:

ھەر كىم قابىلىيىتىگە يارىشا ئىشلەيدۇ.	Jeder arbeitet entsprechend seinen Fähigkeiten.

4. Postpositionen mit dem Ablativ

Den Ablativ regieren folgende Postpositionen:

باشقا *anderer (als), abgesehen von, außer*:

ئالمىدىن باشقا ئۈزۈم ھەم شاپتۇل ئالدۇق.	Außer Äpfeln haben wir Trauben und auch Pfirsiche gekauft.

ئېتىبارەن, تارتىپ, باشلاپ *angefangen von, von ... an*:

ناۋايخانا بۈگۈندىن ئېتىبارەن تاقالدى.	Die Bäckerei ist ab heute geschlossen.

بېرى, بۇيان *seit*:

مەن سىلەرنى يېرىم سائەتتىن بېرى ساقلاۋاتىمەن.	Ich warte seit einer halben Stunde auf euch.

بۇرۇن *vorher, davor, früher (als), vor*:

تاماقتىن بۇرۇن چاي ئىچىشەيلى.	Lasst uns vor dem Essen zusammen Tee trinken.

كېيىن *nachher, danach, später (als), nach*:

تاماقتىن كېيىن شەھەرگە بارايلى.	Lasst uns nach dem Essen in die Stadt gehen.

Bei كېيىن erhalten auch Zeitangaben das Ablativsuffix, bei بۇرۇن hingegen nicht:

مەن بىر ھەپتە بۇرۇن قەشقەرگە كەلدىم.	Ich bin vor einer Woche nach Kaschghar gekommen.
مەن بىر ھەپتىدىن كېيىن قەشقەرگە بارىمەن.	Ich werde in einer Woche nach Kaschghar fahren.

VII. Das Hilfsverb *sein*

1. Das Präsens

Das Hilfsverb *sein* besitzt im Uighurischen nur eine geringe Anzahl eigener Formen. Zur Bezeichnung der 1. und 2. Personen des Präsens werden meist die entsprechenden Personalpronomina vorangestellt; sie können jedoch auch an das jeweilige Prädikatsnomen angefügt werden. In diesem Fall wandelt sich das Personalpronomen بىز der 1. Person Plural in -مىز:

سىلەر ئۇيغۇرمۇ؟	Seid Ihr Uighuren?
بىز ئۇيغۇر.	Wir sind Uighuren.
ياخشىمۇسىز؟	Geht es Ihnen gut?

Präsentische Personalendungen		Frage-partikel	Negation	Prädikatsnomen
ich bin	(-مەن)	-مۇ	ئەمەس	ئوقۇغۇچى
du bist	(-سەن)			ئۆيدە
Sie sind	(-سىز)			تىرىشچان
er/sie ist	-			
wir sind	(-مىز)			
ihr seid/Sie sind	(-سىلەر)			
sie sind	-			

مەن ئوقۇغۇچى(-مەن)	ich bin Student
سەن ئوقۇغۇچى(-سەن)	du bist Student
سىز ئوقۇغۇچى(-سىز)	Sie sind Student
ئۇ ئوقۇغۇچى	er/sie ist Student
بىز ئوقۇغۇچى(-مىز)	wir sind Studenten
سىلەر ئوقۇغۇچى(-سىلەر)	ihr seid Studenten
ئۇلار ئوقۇغۇچى	sie sind Studenten

Die Verneinung erfolgt durch das Wort ئەمەس *nicht*:

مەن ئوقۇغۇچى ئەمەس(-مەن)	ich bin kein Student
سەن ئوقۇغۇچى ئەمەس(-سەن)	du bist kein Student
سىز ئوقۇغۇچى ئەمەس(-سىز)	Sie sind kein Student
ئۇ ئوقۇغۇچى ئەمەس	er/sie ist kein(e) Student(in)
بىز ئوقۇغۇچى ئەمەس(-مىز)	wir sind keine Studenten
سىلەر ئوقۇغۇچى ئەمەس(-سىلەر)	ihr seid keine Studenten
ئۇلار ئوقۇغۇچى ئەمەس	sie sind keine Studenten

سەن ئوقۇغۇچىمۇ(-سەن)؟	bist du Student?
سىز ئوقۇغۇچىمۇ(-سىز)؟	sind Sie Student?
ئۇ ئوقۇغۇچىمۇ؟	ist er/sie Student(in)?
سىلەر ئوقۇغۇچىمۇ(-سىلەر)؟	seid ihr Studenten?
ئۇلار ئوقۇغۇچىمۇ؟	sind sie Studenten?

سەن ئوقۇغۇچى ئەمەسمۇ(-سەن)؟	bist du nicht Student?
سىز ئوقۇغۇچى ئەمەسمۇ(-سىز)؟	sind Sie nicht Student?
ئۇ ئوقۇغۇچى ئەمەسمۇ؟	ist er/sie nicht Student(in)?
سىلەر ئوقۇغۇچى ئەمەسمۇ(-سىلەر)؟	seid ihr nicht Studenten?
ئۇلار ئوقۇغۇچى ئەمەسمۇ؟	sind sie nicht Studenten?

Das Präsens von بار *vorhanden* und يوق *nicht vorhanden* lautet:

ئۆيدە چاي بار.	Zu Hause ist Tee vorhanden = zu Hause gibt es Tee.
ئۆيدە چاي يوق.	Zu Hause ist Tee nicht vorhanden = zu Hause gibt es keinen Tee.
مەكتىپىمىزدە ئىككى مىڭ ئوقۇغۇچى بار.	An unserer Schule gibt es 2000 Schüler.
كىتابىم بار.	Mein Buch ist vorhanden = ich habe ein Buch.

Zwar besitzt das Uighurische ein Hilfsverb *sein* auf der Basis eines als defekt bezeichneten Verbstamms ئىد-; dieser Verbstamm tritt jedoch nur in einigen wenigen Formen auf. Für alle weiteren Bildungen verwendet es daher das Verb بول- *werden*, das neben *geschehen*, *stattfinden* auch die Bedeutungen *sein*, *in Ordnung sein*, *möglich sein* und *vorhanden sein* erhält:

مەن ئەتە ئىشخانىدا بولىمەن.	Ich werde morgen im Büro sein.
هاۋا ياخشى بولسا شەھەرگە بارىمىز.	Wenn das Wetter gut ist, gehen wir in die Stadt.

2. Das Perfekt

Zur Bildung des Perfekt bzw. Präteritums werden die Personalendungen des Perfekt (vgl. S. 62) an den Verbstamm ئىد- angefügt:

بىز ئۆيدە ئىدۇق.	Wir waren zu Hause.
هاۋا ياخشى ئەمەس ئىدى.	Das Wetter war nicht gut.

Perfektformen	Frage-partikel	Negation	Prädikatsnomen
ئىدىم	مۇ-	ئەمەس	ئوقۇغۇچى
ئىدىڭ			ئۆيدە
ئىدىڭىز			تىرىشچان
ئىدى			
ئىدۇق			
ئىدىڭلار			
ئىدى			

مەن ئوقۇغۇچى ئىدىم	ich war Student
سەن ئوقۇغۇچى ئىدىڭ	du warst Student
سىز ئوقۇغۇچى ئىدىڭىز	Sie waren Student
ئۇ ئوقۇغۇچى ئىدى	er/sie war Student(in)
بىز ئوقۇغۇچى ئىدۇق	wir waren Studenten
سىلەر ئوقۇغۇچى ئىدىڭلار	ihr wart Studenten
ئۇلار ئوقۇغۇچى ئىدى	sie waren Studenten

مەن ئوقۇغۇچى ئەمەس ئىدىم	ich war kein Student
سەن ئوقۇغۇچى ئەمەس ئىدىڭ	du warst kein Student
سىز ئوقۇغۇچى ئەمەس ئىدىڭىز	Sie waren kein Student
ئۇ ئوقۇغۇچى ئەمەس ئىدى	er/sie war kein(e) Student(in)
بىز ئوقۇغۇچى ئەمەس ئىدۇق	wir waren keine Studenten
سىلەر ئوقۇغۇچى ئەمەس ئىدىڭلار	ihr wart keine Studenten
ئۇلار ئوقۇغۇچى ئەمەس ئىدى	sie waren keine Studenten

Die Fragepartikel verbindet sich mit ئىدى zu مىدى:

سەن ئوقۇغۇچى مىدىڭ؟	warst du Student?
سىز ئوقۇغۇچى مىدىڭىز؟	waren Sie Student?
ئۇ ئوقۇغۇچى مىدى؟	war er/sie Student(in)?
سىلەر ئوقۇغۇچى مىدىڭلار؟	wart ihr Studenten?
ئۇلار ئوقۇغۇچى مىدى؟	waren sie Studenten?

سەن ئوقۇغۇچى ئەمەس مىدىڭ؟	warst du nicht Student?
سىز ئوقۇغۇچى ئەمەس مىدىڭىز؟	waren Sie nicht Student?
ئۇ ئوقۇغۇچى ئەمەس مىدى؟	war er/sie nicht Student(in)?
سىلەر ئوقۇغۇچى ئەمەس مىدىڭلار؟	wart ihr nicht Studenten?
ئۇلار ئوقۇغۇچى ئەمەس مىدى؟	waren sie nicht Studenten?

Hat sich die Handlung über einen längeren Zeitraum erstreckt, tritt das Perfekt des Verbs بول- an die Stelle des Hilfsverbs:

بىز ئۈچ كۈن ئۈرۈمچىدە بولدۇق.	Wir waren drei Tage in Ürümtschi.

Das Perfekt bzw. Präteritum von بار und يوق lautet:

ئۆيدە چاي بار ئىدى.	Zu Hause war Tee vorhanden = zu Hause gab es Tee.
سىنىپىمىزدا 30 ئوقۇغۇچى بار ئىدى.	In unserer Klasse gab es dreißig Schüler.
مەندە كىتاب يوق ئىدى.	Bei mir befand sich kein Buch = ich hatte kein Buch bei mir.

3. Die Form ئىكەن

Die Form ئىكەن ist das Partizip Perfekt des Hilfsverbs *sein* (vgl. S. 85). In seinem prädikativen Gebrauch ist es mit einer gleichlautenden Dubitativpartikel verschmolzen und kann nun sowohl die Bedeutung eines Perfekt, eines Präsens wie auch eines Futur haben. Durch seinen Gebrauch macht der Sprecher deutlich, dass es sich bei seiner Äußerung nicht um eine Sachaussage, sondern um seinen persönlichen Eindruck handelt:

بۇ لۇغەت بەك قىممەت ئىكەن.	Dieses Wörterbuch erscheint mir sehr/zu teuer.
باللار ئۆيدە ئەمەس ئىكەن.	Die Kinder scheinen nicht zu Hause zu sein.
سىلەر ئۇيغۇر ئەمەس ئىكەنسىلەر.	Ihr scheint mir keine Uighuren zu sein.
سىزگە تېلېفون بېرىپ باقتىم، لېكىن سىز ئۆيدە ئەمەس ئىكەنسىز.	Ich habe versucht, Sie anzurufen, aber Sie waren wohl nicht zu Hause.

Präsentische Personalendungen		Frage-partikel	Negation	Prädikatsnomen
-مەن	ئىكەن	-مىـ	ئەمەس	ئوقۇغۇچى
-سەن	ئىمىش			ئۆيدە
-سىز				تىرىشچان

-مىز				
-سىلەر				

مەن ئوقۇغۇچى ئىكەنمەن	ich bin wohl Student
سەن ئوقۇغۇچى ئىكەنسەن	du bist wohl Student
سىز ئوقۇغۇچى ئىكەنسىز	Sie sind wohl Student
ئۇ ئوقۇغۇچى ئىكەن	er/sie ist wohl Student(in)
بىز ئوقۇغۇچى ئىكەنمىز	wir sind wohl Studenten
سىلەر ئوقۇغۇچى ئىكەنسىلەر	ihr seid wohl Studenten
ئۇلار ئوقۇغۇچى ئىكەن	sie sind wohl Studenten

مەن ئوقۇغۇچى ئەمەس ئىكەنمەن	ich bin wohl kein Student
سەن ئوقۇغۇچى ئەمەس ئىكەنسەن	du bist wohl kein Student
سىز ئوقۇغۇچى ئەمەس ئىكەنسىز	Sie sind wohl kein Student
ئۇ ئوقۇغۇچى ئەمەس ئىكەن	er/sie ist wohl kein(e) Student(in)
بىز ئوقۇغۇچى ئەمەس ئىكەنمىز	wir sind wohl keine Studenten
سىلەر ئوقۇغۇچى ئەمەس ئىكەنسىلەر	ihr seid wohl keine Studenten
ئۇلار ئوقۇغۇچى ئەمەس ئىكەن	sie sind wohl keine Studenten

Die Fragepartikel verbindet sich mit ئىكەن zu مىكەن oder auch مىكىن:

ئۇ ئوقۇغۇچىمىكەن/مىكىن؟	ob er/sie wohl Student(in) ist?

Die Formen von بار und يوق lauten:

ئۆيدە چاي بار ئىكەن.	Zu Hause gibt es wohl Tee.
ئۆيدە ھېچكىم يوق ئىكەن.	Es scheint niemand zu Hause zu sein.

4. Die Form ئىمىش

Durch die Verwendung von ئىمىش bringt man zum Ausdruck, dass man selbst nicht Augenzeuge des Geschehens war, sondern von dritter Seite über den geschilderten Sachverhalt informiert wurde:

كىنو بەك ياخشى ئىمىش.	Der Film soll sehr gut (gewesen) sein.
سىز تۇرپاندىن ئىمىشسىز.	Es heißt, Sie seien aus Turfan.

مەن ئوقۇغۇچى ئىمىشمەن	es heißt, ich sei Student
سەن ئوقۇغۇچى ئىمىشسەن	es heißt, du seiest Student
سىز ئوقۇغۇچى ئىمىشسىز	es heißt, Sie seien Student
ئۇ ئوقۇغۇچى ئىمىش	es heißt, er/sie sei Student
بىز ئوقۇغۇچى ئىمىشمىز	es heißt, wir seien Studenten
سىلەر ئوقۇغۇچى ئىمىشسىلەر	es heißt, ihr seid Studenten
ئۇلار ئوقۇغۇچى ئىمىش	es heißt, sie seien Studenten

مەن ئوقۇغۇچى ئەمەس ئىمىشمەن	es heißt, ich sei kein Student
سەن ئوقۇغۇچى ئەمەس ئىمىشسەن	es heißt, du seiest kein Student
سىز ئوقۇغۇچى ئەمەس ئىمىشسىز	es heißt, Sie seien kein Student
ئۇ ئوقۇغۇچى ئەمەس ئىمىش	es heißt, er/sie sei kein(e)Student(in)
بىز ئوقۇغۇچى ئەمەس ئىمىشمىز	es heißt, wir seien keine Studenten
سىلەر ئوقۇغۇچى ئەمەس ئىمىشسىلەر	es heißt, ihr seid keine Studenten
ئۇلار ئوقۇغۇچى ئەمەس ئىمىش	es heißt, sie seien keine Studenten

Die entsprechenden Formen von بار und يوق lauten:

بۈگۈن كونسېرت بار ئىمىش.	Heute soll es ein Konzert geben.
باشلىقىمىزنىڭ ۋاقتى يوق ئىمىش.	Es heißt, unser Direktor habe keine Zeit.

5. Die Form ئىكەنمىش

Durch die Verbindung von ئىكەن und ئىمىش drückt der Sprecher erhebliche Zweifel am Wahrheitsgehalt der erhaltenen Information aus:

قوشنىمىزنىڭ ئوغلى دوختۇر ئىكەنمىش.	Der Sohn unseres Nachbar soll angeblich Arzt (gewesen) sein.
مەن كىچىك ۋاقتىمدا بەك شوخ ئىكەنمىشمەن.	Ich soll in meiner Kindheit angeblich sehr frech gewesen sein.
باشلىقىمىزنىڭ ۋاقتى يوق ئىكەنمىش.	Angeblich soll unser Direktor keine Zeit haben.

VIII. Zeiten und Modi des Vollverbs

1. Allgemeines

Der Infinitiv des uighurischen Vollverbs setzt sich zusammen aus dem Verbstamm und einer nomenbildenden Endung مەك-. Da diese Endung bei einer Reihe von Verben regressive Vokalassimilation bewirkt (S. 130), wird künftig nur der Verbstamm als Grundform eines Verbs angegeben:

Verbstamm	ä, helles i	ö, ü	a, dunkles i	o, u
einsilbig auf Konsonant	كەل- *kommen*	ئۆت- *vorbeigehen*	ياز- *schreiben*	ئۇچ- *fliegen*
mehrsilbig auf Konsonant	كۆرسەت- *zeigen*	يۈگۈر- *laufen*	قاتناش- *teilnehmen*	ئولتۇر- *sitzen*
mehrsilbig auf Vokal	ئىشلە- *arbeiten*		ئوينا- *spielen*	ئوقۇ- *lesen*
einsilbig auf Vokal	دە- *sagen*			يۇ- *waschen*

Die Verneinung im Zusammenhang mit dem Vollverb wird durch ein Suffix مە- gebildet, das sich direkt an den Verbstamm anschließt und die Betonung direkt auf die vorausgehende Silbe zieht:

Verbstamm	ä, helles i	ö, ü	a, dunkles i	o, u
einsilbig auf Konsonant	كەلمە-	ئۆتمە-	يازما-	ئۇچما-
mehrsilbig auf Konsonant	كۆرسەتمە-	يۈگۈرمە-	قاتناشما-	ئولتۇرما-
mehrsilbig auf Vokal	ئىشلىمە-		ئوينىما-	ئوقۇما-
einsilbig auf Vokal	دېمە-			يۇما-

Zur Bildung der einzelnen finiten Formen schließt sich an Verbstamm und ggfs. Verneinungssilbe derjenige Bestandteil an, der einen bestimmten zeitlichen oder modalen Aspekt beinhaltet; er wird im Folgenden als Themasuffix bezeichnet. Der überwiegende Teil der auf diese Art entstandenen Formen sind Partizipien, die an dieser Stelle als Prädikatsnomina dienen. Einige von ihnen haben sich durch ihre häufige Anwendung derart verschliffen, dass ihr ursprünglicher nominaler Charakter nicht mehr erkennbar ist:

	er ist einer, der ...
يازا تۇرۇر > يازىدۇ	... schreibt/schreiben wird
يازار	... vielleicht schreiben wird
يازماقچى	... zu schreiben beabsichtigt
يېزىپ ياتا تۇرۇر > يېزىۋاتىدۇ	... gerade schreibt
يازماقتا	... am Schreiben ist
يازغان	... geschrieben hat
يېزىپ تۇرۇر > يېزىپتۇ	... wohl geschrieben hat

Die Fragepartikel -مۇ steht bei den 2. Personen jeweils vor den Personalendungen; demgegenüber wird sie, sofern eine Fragestellung in den 1. Personen überhaupt notwendig wird, bei ihnen an die letzte Stelle gesetzt:

بۈگۈن تۇرپانغا بارماقچىمۇسىز؟	Beabsichtigen Sie, heute nach Turfan zu fahren?
بۈگۈن كىنوخانىغا بارىمىزمۇ؟	Gehen wir heute ins Kino?

2. Präsens-Futur-Formen

a) Das einfache Präsens-Futur

Diese Zeitform gibt eine Tätigkeit wieder, die man gewohnheitsmäßig ausübt, grundsätzlich auszuüben bereit ist oder in der Zukunft ausüben wird. Durch die Frageform kann zudem eine höfliche Bitte zum Ausdruck gebracht werden. Einsilbige Verbstämme mit ا assimilieren ihren Vokal nicht:

بىز ھەر كۈنى بازارغا بارىمىز.	Wir gehen jeden Tag auf den Markt.
بىز ئەتە بازارغا بارىمىز.	Wir werden morgen auf den Markt gehen.
بازارغا بارامسىلەر؟	Würdet ihr (bitte) auf den Markt gehen?

Präsentische Personalendungen	Frage-partikel	Themasuffix	Negation	Verbstamm
-(دى)مەن -سەن -سىز -دۇ -(دى)مىز -سىلەر -دۇ	-م	nach Kons. -ە nach Vokal -ي	-مە	كەل- كۆرسەت- ئىشلە-

ä, helles i	ö, ü	a, dunkles i	o, u
كېلىدۇ كەلمەيدۇ	ئۆتىدۇ ئۆتمەيدۇ	يازىدۇ يازمايدۇ	ئۇچىدۇ ئۇچمايدۇ
كۆرسىتىدۇ كۆرسەتمەيدۇ	يۈگۈرىدۇ يۈگۈرمەيدۇ	قاتنىشىدۇ قاتناشمايدۇ	ئولتۇرىدۇ ئولتۇرمايدۇ
ئىشلەيدۇ ئىشلىمەيدۇ		ئوينايدۇ ئوينىمايدۇ	ئوقۇيدۇ ئوقۇمايدۇ
دەيدۇ دېمەيدۇ			يۇيىدۇ يۇمايدۇ

کیلمەن	ich komme/ich werde kommen
کیلسەن	du kommst/du wirst kommen
کیلسز	Sie kommen/Sie werden kommen
کیلدۆ	er/sie kommt/er/sie wird kommen
کیلمز	wir kommen/wir werden kommen
کیلسلەر	ihr kommt/ihr werdet kommen
کیلدۆ	sie kommen/sie werden kommen

کەلمەیمەن	ich werde nicht kommen
کەلمەیسەن	du wirst nicht kommen
کەلمەیسز	Sie werden nicht kommen
کەلمەیدۆ	er/sie wird nicht kommen
کەلمەیمز	wir werden nicht kommen
کەلمەیسلەر	ihr werdet nicht kommen
کەلمەیدۆ	sie werden nicht kommen

Die Fragepartikel ist beim Präsens-Futur auf م- verkürzt, gleichzeitig entfällt bei Verbstämmen auf Vokal das Themasuffix:

کیلەمسەن؟	wirst du kommen?
کیلەمسز؟	werden Sie kommen?
کیلەمدۆ؟	wird er/sie kommen?
کیلەمسلەر؟	werdet ihr kommen?
کیلەمدۆ؟	werden sie kommen?

Bei der verneinten Frageform entfällt bei Verbstämmen auf Vokal wie auf Konsonant das Themasuffix:

کەلمەمسەن؟	wirst du nicht kommen?
کەلمەمسز؟	werden Sie nicht kommen?
کەلمەمدۆ؟	wird er/sie nicht kommen?
کەلمەمسلەر؟	werdet ihr nicht kommen?
کەلمەمدۆ؟	werden sie nicht kommen?

Neben der Praxis, die Fragepartikel bei den 1. Personen an das Ende der Verbform zu stellen (vgl. S. 50), gibt es im Falle des Präsens-Futur noch folgende Alternativen:

Zwischen das مە- der Fragepartikel und die Personalendungen wird ein دى- eingeschoben:

كېلەمدىمەن؟	werde ich kommen?
كېلەمدىمىز؟	werden wir kommen?

Meistens wird dabei die Personalendung der 1. Person Singular zu م- verkürzt, so dass sie der Form eines Perfekt ähnelt (vgl. S. 62). Möglicherweise in Angleichung an diesen Sachverhalt tritt auch die Endung دۇق- zur Bildung der Frageform der 1. Person Plural auf:

كېلەمدىم؟	werde ich kommen?
كېلەمدۇق؟	werden wir kommen?

سەن ماروژنى يېسەڭ، مەن يېمەمدىمەن؟ سەن ماروژنى يېسەڭ، مەن يېمەمدىم؟	Wenn du Eis isst, soll ich denn dann keines essen?
بۈگۈن كىنوخانىغا بارامدىمىز؟ بۈگۈن كىنوخانىغا بارامدۇق؟	Gehen wir heute ins Kino?

b) Das unbestimmte Futur

Diese Form drückt aus, dass die handelnde Person die beschriebene Tätigkeit in der Zukunft möglicherweise ausüben bzw. möglicherweise nicht ausüben wird. Einsilbige Verbstämme mit ا assimilieren ihren Vokal nicht:

ئەتە كۆرۈشەرمىز.	Vielleicht sehen wir uns morgen.
مىرشات كەلمەس.	Mirschat wird wohl nicht kommen.

Daneben kann die negierte Form, häufig ergänzt um هەرگىز *niemals*, eine kategorische Verneinung bedeuten:

مىرشات هەرگىز كەلمەس.	Mirschat wird bestimmt nicht kommen.

Präsentische Personalendungen	Frage-partikel	Themasuffix	Verbstamm
-مەن -سەن -سىز - -مىز -سىلەر -	-مۇ	bejaht -(ە)ر verneint -مەس	كەل- كۆرسەت- ئىشلە-

ä, helles i	ö, ü	a, dunkles i	o, u
كېلەر كەلمەس	ئۆتەر ئۆتمەس	يازار يازماس	ئۇچار ئۇچماس
كۆرسىتەر كۆرسەتمەس	يۈگۈرەر يۈگۈرمەس	قاتنىشار قاتناشماس	ئولتۇرار ئولتۇرماس
ئىشلەر ئىشلىمەس		ئوينار ئوينىماس	ئوقۇر ئوقۇماس
دېيەر دېمەس			يۇيار يۇماس

كېلەرمەن	ich werde vielleicht kommen
كېلەرسەن	du wirst vielleicht kommen
كېلەرسىز	Sie werden vielleicht kommen
كېلەر	er/sie wird vielleicht kommen
كېلەرمىز	wir werden vielleicht kommen
كېلەرسىلەر	ihr werdet vielleicht kommen
كېلەر	sie werden vielleicht kommen

كەلمەسمەن	ich werde vielleicht nicht kommen
كەلمەسسەن	du wirst vielleicht nicht kommen
كەلمەسسىز	Sie werden vielleicht nicht kommen
كەلمەس	er/sie wird vielleicht nicht kommen
كەلمەسمىز	wir werden vielleicht nicht kommen
كەلمەسسىلەر	ihr werdet vielleicht nicht kommen
كەلمەس	sie werden vielleicht nicht kommen

كېلەرمۇسەن؟	wirst du vielleicht kommen?
كېلەرمۇسىز؟	werden Sie vielleicht kommen?
كېلەرمۇ؟	wird er/sie vielleicht kommen?
كېلەرمۇسىلەر؟	werdet ihr vielleicht kommen?
كېلەرمۇ؟	werden sie vielleicht kommen?

كەلمەسمۇسەن؟	wirst du nicht vielleicht kommen?
كەلمەسمۇسىز؟	werden Sie nicht vielleicht kommen?
كەلمەسمۇ؟	wird er/sie nicht vielleicht kommen?
كەلمەسمۇسىلەر؟	werdet ihr nicht vielleicht kommen?
كەلمەسمۇ؟	werden sie nicht vielleicht kommen?

c) Die Form auf -مەكچى

Das Partizip auf -مەكچى bezeichnet eine Person, die zu einer Handlung entschlossen ist. In dieser Bedeutung kommt es dem deutschen *wollen* sehr nahe:

بۈگۈن ئاپتوبۇس بىلەن تۇرپانغا بارماقچىمىز.	Wir beabsichtigen, heute mit dem Bus nach Turfan zu fahren.
تۇرپاندا قانچىلىك ۋاقىت تۇرماقچىسىلەر؟	Wie lange wollen Sie in Turfan bleiben?
مەن بۇ گىلەمنى ئالماقچى ئەمەسمەن.	Ich habe nicht vor, diesen Teppich zu kaufen.

Präsentische Personalendungen	Frage-partikel	Negation	Themasuffix	Verbstamm
-مەن -سەن -سىز - -مىز -سىلەر -	-مۇ	ئەمەس	-مەكچى	كەل- كۆرسەت- ئىشلە-

ä, helles i	ö, ü	a, dunkles i	o, u
كەلمەكچى كەلمەكچى ئەمەس	ئۆتمەكچى ئۆتمەكچى ئەمەس	يازماقچى يازماقچى ئەمەس	ئۇچماقچى ئۇچماقچى ئەمەس
كۆرسەتمەكچى كۆرسەتمەكچى ئەمەس	يۈگۈرمەكچى يۈگۈرمەكچى ئەمەس	قاتناشماقچى قاتناشماقچى ئەمەس	ئولتۇرماقچى ئولتۇرماقچى ئەمەس
ئىشلىمەكچى ئىشلىمەكچى ئەمەس		ئوينىماقچى ئوينىماقچى ئەمەس	ئوقۇماقچى ئوقۇماقچى ئەمەس
دېمەكچى دېمەكچى ئەمەس			يۇماقچى يۇماقچى ئەمەس

کەلمەکچیمەن	ich beabsichtige, zu kommen
کەلمەکچیسەن	du beabsichtigst, zu kommen
کەلمەکچیسز	Sie beabsichtigen, zu kommen
کەلمەکچی	er/sie beabsichtigt, zu kommen
کەلمەکچیمز	wir beabsichtigen, zu kommen
کەلمەکچیسلەر	ihr beabsichtigt, zu kommen
کەلمەکچی	sie beabsichtigen, zu kommen

کەلمەکچی ئەمەسمەن	ich habe nicht vor, zu kommen
کەلمەکچی ئەمەسسەن	du hast nicht vor, zu kommen
کەلمەکچی ئەمەسسز	Sie haben nicht vor, zu kommen
کەلمەکچی ئەمەس	er/sie hat nicht vor, zu kommen
کەلمەکچی ئەمەسمز	wir haben nicht vor, zu kommen
کەلمەکچی ئەمەسسلەر	ihr habt nicht vor, zu kommen
کەلمەکچی ئەمەس	sie haben nicht vor, zu kommen

کەلمەکچیمۆسەن؟	hast du vor, zu kommen?
کەلمەکچیمۆسز؟	haben Sie vor, zu kommen?
کەلمەکچیمۆ؟	hat er/sie vor, zu kommen?
کەلمەکچیمۆسلەر؟	habt ihr vor, zu kommen?
کەلمەکچیمۆ؟	haben sie vor, zu kommen?

کەلمەکچی ئەمەسمۆسەن؟	hast du nicht vor, zu kommen?
کەلمەکچی ئەمەسمۆسز؟	haben Sie nicht vor, zu kommen?
کەلمەکچی ئەمەسمۆ؟	hat er/sie nicht vor, zu kommen?
کەلمەکچی ئەمەسمۆسلەر؟	habt ihr nicht vor, zu kommen?
کەلمەکچی ئەمەسمۆ؟	haben sie nicht vor, zu kommen?

3. Präsensformen

a) Das aktuelle Präsens

Das Themasuffix dieses Präsens ist das Resultat einer Verschmelzung des Konverbs auf -(ى)پ, neg. -مەي (vgl. S. 93 und S. 91) des jeweiligen Verbs mit dem Präsens-Futur des Verbs -يات *liegen*; es drückt eine Handlung aus, die im Augenblick des Sprechens stattfindet:

نېمە ئىش قىلىۋاتىسىز؟	Was machen Sie gerade?
تېلېفون قىلىۋاتىمەن.	Ich telefoniere.

گېزىت ئوقۇۋاتامسىلەر؟	Lest ihr Zeitung?
گېزىت ئوقۇمايۋاتىمىز.	Wir lesen keine Zeitung (gewöhnlich nicht und auch jetzt nicht).

Präsentische Personalendungen	Frage-partikel	Themasuffix	Negation	Verbstamm
-(دى)مەن -سەن -سىز -دۇ -(دى)مىز -سىلەر -دۇ	-م	-(ى)ۋاتا	-مەي	كەل- كۆرسەت- ئىشلە-

ä, helles i	ö, ü	a, dunkles i	o, u
كېلىۋاتىدۇ كەلمەيۋاتىدۇ	ئۆتۈۋاتىدۇ ئۆتمەيۋاتىدۇ	يېزىۋاتىدۇ يازمايۋاتىدۇ	ئۇچۇۋاتىدۇ ئۇچمايۋاتىدۇ
كۆرسىتىۋاتىدۇ كۆرسەتمەيۋاتىدۇ	يۈگۈرۈۋاتىدۇ يۈگۈرمەيۋاتىدۇ	قاتنىشىۋاتىدۇ قاتناشمايۋاتىدۇ	ئولتۇرۇۋاتىدۇ ئولتۇرمايۋاتىدۇ
ئىشلەۋاتىدۇ ئىشلىمەيۋاتىدۇ		ئويناۋاتىدۇ ئوينىمايۋاتىدۇ	ئوقۇۋاتىدۇ ئوقۇمايۋاتىدۇ
دەۋاتىدۇ دېمەيۋاتىدۇ			يۇيۇۋاتىدۇ يۇمايۋاتىدۇ

كېلىۋاتىمەن	ich komme
كېلىۋاتىسەن	du kommst
كېلىۋاتىسىز	Sie kommen
كېلىۋاتىدۇ	er/sie kommt
كېلىۋاتىمىز	wir kommen
كېلىۋاتىسىلەر	ihr kommt
كېلىۋاتىدۇ	sie kommen

كەلمەيۋاتىمەن	ich komme nicht
كەلمەيۋاتىسەن	du kommst nicht
كەلمەيۋاتىسىز	Sie kommen nicht
كەلمەيۋاتىدۇ	er/sie kommt nicht
كەلمەيۋاتىمىز	wir kommen nicht
كەلمەيۋاتىسىلەر	ihr kommt nicht
كەلمەيۋاتىدۇ	sie kommen nicht

كېلىۋاتامسەن	kommst du?
كېلىۋاتامسىز	kommen Sie?
كېلىۋاتامدۇ	kommt er/sie?
كېلىۋاتامسىلەر	kommt ihr?
كېلىۋاتامدۇ	kommen sie?

كەلمەيۋاتامسەن	kommst du nicht ?
كەلمەيۋاتامسىز	kommen Sie nicht?
كەلمەيۋاتامدۇ	kommt er/sie nicht?
كەلمەيۋاتامسىلەر	kommt ihr nicht?
كەلمەيۋاتامدۇ	kommen sie nicht?

Eine alternative Möglichkeit der Verneinung besteht darin, dass man die Verneinungssilbe auf den Stamm des ursprünglichen Verbs **يات-** *liegen* folgen lässt. Hierdurch ergibt sich ein geringfügiger Bedeutungsunterschied:

گېزىت ئوقۇۋاتمايمىز، ئىشلەۋاتىمىز.	Wir lesen gerade nicht Zeitung, (sondern) arbeiten.

b) Das Verlaufspräsens auf -مەكتە

Der Lokativ des Infinitivs auf -مەك drückt eine Handlung aus, die sich gerade im Augenblick oder mit zeitlichen Unterbrechungen in der Gegenwart vollzieht. Diese Form findet vor allem in der Nachrichten- und Zeitungssprache Verwendung:

ھاۋا پۈتۈن دۇنيا بويىچە ئۆزگەرمەكتە.	Das Wetter ist im Begriff, sich weltweit zu verändern.
ماۋۇ يەردە يېڭى بىنالار سېلىنماقتا.	Hier werden neue Gebäude errichtet.
كىتاب يازماقتىمەن.	Ich bin dabei, ein Buch zu schreiben.

Präsentische Personalendungen	Frage-partikel	Negation	Themasuffix	Verbstamm
-مەن -سەن -سىز - -مىز -سىلەر -	-مۇ	ئەمەس	-مەكتە	-كەل -كۆرسەت -ئىشلە

ä, helles i	ö, ü	a, dunkles i	o, u
كەلمەكتە كەلمەكتە ئەمەس	ئۆتمەكتە ئۆتمەكتە ئەمەس	يازماقتا يازماقتا ئەمەس	ئۇچماقتا ئۇچماقتا ئەمەس
كۆرسەتمەكتە كۆرسەتمەكتە ئەمەس	يۈگۈرمەكتە يۈگۈرمەكتە ئەمەس	قاتناشماقتا قاتناشماقتا ئەمەس	ئولتۇرماقتا ئولتۇرماقتا ئەمەس
ئىشلىمەكتە ئىشلىمەكتە ئەمەس		ئوينىماقتا ئوينىماقتا ئەمەس	ئوقۇماقتا ئوقۇماقتا ئەمەس
دېمەكتە دېمەكتە ئەمەس			يۇماقتا يۇماقتا ئەمەس

کەلمەکتىمەن	ich bin im Begriff, zu kommen
کەلمەکتىسەن	du bist im Begriff, zu kommen
کەلمەکتىسىز	Sie sind im Begriff, zu kommen
کەلمەکتە	er/sie ist im Begriff, zu kommen
کەلمەکتىمىز	wir sind im Begriff, zu kommen
کەلمەکتىسلەر	ihr seid im Begriff, zu kommen
کەلمەکتە	sie sind im Begriff, zu kommen

کەلمەکتە ئەمەسمەن	ich bin nicht im Begriff, zu kommen
کەلمەکتە ئەمەسسەن	du bist nicht im Begriff, zu kommen
کەلمەکتە ئەمەسسىز	Sie sind nicht im Begriff, zu kommen
کەلمەکتە ئەمەس	er/sie ist nicht im Begriff, zu kommen
کەلمەکتە ئەمەسمىز	wir sind nicht im Begriff, zu kommen
کەلمەکتە ئەمەسسلەر	ihr seid nicht im Begriff, zu kommen
کەلمەکتە ئەمەس	sie sind nicht im Begriff, zu kommen

کەلمەکتىمۇسەن؟	bist du im Begriff, zu kommen?
کەلمەکتىمۇسىز؟	sind Sie im Begriff, zu kommen?
کەلمەکتىمۇ؟	ist er/sie im Begriff, zu kommen?
کەلمەکتىمۇسلەر؟	seid ihr im Begriff, zu kommen?
کەلمەکتىمۇ؟	sind sie im Begriff, zu kommen?

کەلمەکتە ئەمەسمۇسەن؟	bist du nicht im Begriff, zu kommen?
کەلمەکتە ئەمەسمۇسىز؟	sind Sie nicht im Begriff, zu kommen?
کەلمەکتە ئەمەسمۇ؟	ist er/sie nicht im Begriff, zu kommen?
کەلمەکتە ئەمەسمۇسلەر؟	seid ihr nicht im Begriff, zu kommen?
کەلمەکتە ئەمەسمۇ؟	sind sie nicht im Begriff, zu kommen?

4. Perfektformen

a) Das einfache Perfekt

Mit diesem Perfekt bringt man zum Ausdruck, dass man die beschriebene Handlung durchgeführt und zu einem Abschluss gebracht hat. Das Themasuffix lautet -د. Die Personen werden mit einer einzigen Ausnahme durch Possessivsuffixe (vgl. S. 11) ausgedrückt, die mit dem Themasuffix eine Einheit bilden, so dass die Fragepartikel bei allen Personen an letzter Stelle steht; die Verneinungssilbe ist zu -مد assimiliert:.

نېمە ئىش قىلدىڭلار؟	Was habt ihr gemacht?
بىز نەرسە-كېرەك سېتىۋالدۇق.	Wir haben Einkäufe gemacht.
مەن بۇ كىتابنى ئوقۇدۇم.	Ich habe dieses Buch gelesen (und kann jetzt etwas anderes tun).

Frage-partikel	Perfektische Personalendungen	Negation	Verbstamm
-مۇ	-دىم -دىڭ -دىڭىز -دى -دۇق -دىڭلار -دى	-مى	كەل- كۆرسەت- ئىشلە-

ä, helles i	ö, ü	a, dunkles i	o, u
كەلدى كەلمىدى	ئۆتتى ئۆتمىدى	يازدى يازمىدى	ئۇچتى ئۇچمىدى
كۆرسەتتى كۆرسەتمىدى	يۈگۈردى يۈگۈرمىدى	قاتناشتى قاتناشمىدى	ئولتۇردى ئولتۇرمىدى
ئىشلىدى ئىشلىمىدى		ئوينىدى ئوينىمىدى	ئوقۇدى ئوقۇمىدى
دېدى دېمىدى			يۇيۇدى يۇمىدى

كەلدىم	ich bin gekommen
كەلدىڭ	du bist gekommen
كەلدىڭىز	Sie sind gekommen
كەلدى	er/sie ist gekommen
كەلدۇق	wir sind gekommen
كەلدىڭلار	ihr seid gekommen
كەلدى	sie sind gekommen

كەلمىدىم	ich bin nicht gekommen
كەلمىدىڭ	du bist nicht gekommen
كەلمىدىڭىز	Sie sind nicht gekommen
كەلمىدى	er/sie ist nicht gekommen
كەلمىدۇق	wir sind nicht gekommen
كەلمىدىڭلار	ihr seid nicht gekommen
كەلمىدى	sie sind nicht gekommen

كەلدىڭمۇ؟	bist du gekommen?
كەلدىڭىزمۇ؟	sind Sie gekommen?
كەلدىمۇ؟	ist er/sie gekommen?
كەلدىڭلارمۇ؟	seid ihr gekommen?
كەلدىمۇ؟	sind sie gekommen?

كەلمىدىڭمۇ؟	bist du nicht gekommen?
كەلمىدىڭىزمۇ؟	sind Sie nicht gekommen?
كەلمىدىمۇ؟	ist er/sie nicht gekommen?
كەلمىدىڭلارمۇ؟	seid ihr nicht gekommen?
كەلمىدىمۇ؟	sind sie nicht gekommen?

b) Das Perfekt auf -گەن

Diese Perfektform (vgl. S. 83) gibt eine Tätigkeit wieder, die in der Vergangenheit stattgefunden hat und noch bis in die Gegenwart nachwirkt bzw. Gültigkeit besitzt. Zur Bezeichnung der Personen werden meist die vorangestellten Personalpronomina verwendet; die Verneinungssilbe ist zu -مد assimiliert:

بۇ بىنالار 2009– يىلى سېلىنغان.	Diese Gebäude wurden im Jahre 2009 errichtet.
بىز ئۈرۈمچىدە چوڭ بولغان.	Wir sind in Ürümtschi aufgewachsen.
مەن بۇ كىتابنى ئوقۇغان.	Ich habe dieses Buch gelesen (ich weiß jetzt, was darin steht).

Präsentische Personalendungen	Frage-partikel	Themasuffix	Negation	Verbstamm
(-مەن) (-سەن) (-سىز) - (-مىز) (-سىلەر) -	-مۇ	-گەن	-مد	كەل- كۆرسەت- ئىشلە-

ä, helles i	ö, ü	a, dunkles i	o, u
كەلگەن كەلمىگەن	ئۆتكەن ئۆتمىگەن	يازغان يازمىغان	ئۇچقان ئۇچمىغان
كۆرسەتكەن كۆرسەتمىگەن	يۈگۈرگەن يۈگۈرمىگەن	قاتناشقان قاتناشمىغان	ئولتۇرغان ئولتۇرمىغان
ئىشلىگەن ئىشلىمىگەن		ئوينىغان ئوينىمىغان	ئوقۇغان ئوقۇمىغان
دېگەن دېمىگەن			يۇغان يۇمىغان

مەن كەلگەن(-مەن)	ich bin gekommen
سەن كەلگەن(-سەن)	du bist gekommen
سىز كەلگەن(-سىز)	Sie sind gekommen
ئۇ كەلگەن	er/sie ist gekommen
بىز كەلگەن(-مىز)	wir sind gekommen
سىلەر كەلگەن(-سىلەر)	ihr seid gekommen
ئۇلار كەلگەن	sie sind gekommen

مەن كەلمىگەن(-مەن)	ich bin nicht gekommen
سەن كەلمىگەن(-سەن)	du bist nicht gekommen
سىز كەلمىگەن(-سىز)	Sie sind nicht gekommen
ئۇ كەلمىگەن	er/sie ist nicht gekommen
بىز كەلمىگەن(-مىز)	wir sind nicht gekommen
سىلەر كەلمىگەن(-سىلەر)	ihr seid nicht gekommen
ئۇلار كەلمىگەن	sie sind nicht gekommen

سەن كەلگەنمۇ(-سەن)؟	bist du gekommen?
سىز كەلگەنمۇ(-سىز)؟	sind Sie gekommen?
ئۇ كەلگەنمۇ؟	ist er/sie gekommen?
سىلەر كەلگەنمۇ(-سىلەر)؟	seid ihr gekommen?
ئۇلار كەلگەنمۇ؟	sind sie gekommen?

سەن كەلمىگەنمۇ(-سەن)؟	bist du nicht gekommen?
سىز كەلمىگەنمۇ(-سىز)؟	sind Sie nicht gekommen?
ئۇ كەلمىگەنمۇ؟	ist er/sie nicht gekommen?
سىلەر كەلمىگەنمۇ(-سىلەر)؟	seid ihr nicht gekommen?
ئۇلار كەلمىگەنمۇ؟	sind sie nicht gekommen?

c) Das unbestimmte Perfekt

Durch den Gebrauch dieser Zeitform, die auch in Märchen und Erzählungen anzutreffen ist, macht der Sprecher deutlich, dass er den berichteten Vorgang nicht selbst beobachtet bzw. bewusst miterlebt hat:

بۇرۇنكى زاماندا چىن دۆلىتىنىڭ شىمالىدىكى بىر چوڭ شەھەردە بىر تىككۈچى ياشاپتۇ.	In früherer Zeit lebte in einer großen Stadt im Norden Chinas ein Schneider.
ئاپاڭ مېنى كۆرمەپتۇ.	Deine Mutter hat mich wohl nicht gesehen.
ئۇيغۇرچىنى ياخشى ئۆگىنىپسىز.	Sie haben (meinem Eindruck nach) gut Uighurisch gelernt.
نان ئېلىشنى ئۇنۇتۇپتىمەن.	Ich habe (offensichtlich) vergessen, Brot zu holen.

Präsentische Personalendungen	Themasuffix	Negation	Verbstamm
-تىمەن -سەن -سىز -تۇ -تىمىز -سىلەر -تۇ	-(ى)پ	-مە	كەل- كۆرسەت- ئىشلە-

ä, helles i	ö, ü	a, dunkles i	o, u
كېلىپتۇ كەلمەپتۇ	ئۆتۈپتۇ ئۆتمەپتۇ	يېزىپتۇ يازماپتۇ	ئۇچۇپتۇ ئۇچماپتۇ
كۆرسىتىپتۇ كۆرسەتمەپتۇ	يۈگۈرۈپتۇ يۈگۈرمەپتۇ	قاتنىشىپتۇ قاتناشماپتۇ	ئولتۇرۇپتۇ ئولتۇرماپتۇ
ئىشلەپتۇ ئىشلىمەپتۇ		ئويناپتۇ ئوينىماپتۇ	ئوقۇپتۇ ئوقۇماپتۇ
دەپتۇ دېمەپتۇ			يۇيۇپتۇ يۇماپتۇ

كېلىپتىمەن	ich bin wohl gekommen
كېلىپسەن	du bist wohl gekommen
كېلىپسىز	Sie sind wohl gekommen
كېلىپتۇ	er/sie ist wohl gekommen
كېلىپتىمىز	wir sind wohl gekommen
كېلىپسىلەر	ihr seid wohl gekommen
كېلىپتۇ	sie sind wohl gekommen

كەلمەپتىمەن	ich bin wohl nicht gekommen
كەلمەپسەن	du bist wohl nicht gekommen
كەلمەپسىز	Sie sind wohl nicht gekommen
كەلمەپتۇ	er/sie ist wohl nicht gekommen
كەلمەپتىمىز	wir sind wohl nicht gekommen
كەلمەپسىلەر	ihr seid wohl nicht gekommen
كەلمەپتۇ	sie sind wohl nicht gekommen

Bei einsilbigen Verbstämmen auf ل entfällt bei dieser Zeitform der Endkonsonant gewöhnlich:

خۇش كېلىپسىز/خۇش كەپسىز.	Sie sind willkommen.
بولۇپتۇ/بوپتۇ.	Es hat geklappt/es ist in Ordnung.
كەچۈرۈڭ، مەن خاتا نومۇرغا ئۇرۇپ سېلىپتىمەن/ساپتىمەن.	Verzeihen Sie, ich muss wohl die falsche Nummer gewählt haben.

5. Aufforderungsformen

a) Der Imperativ der 2. Personen

Der Imperativ der 2. Person Singular ist mit dem Verbstamm identisch. Da er als nicht besonders höflich empfunden wird, wird er häufig durch das Suffix گىن- abgemildert:

بىزگە ياردەم بەرگىن!	Hilf uns doch einmal!
بۇ ياققا ئۆتۈڭ ، مەرھەمەت تۆردە ئولتۇرۇڭ!	Kommen Sie hier herüber, bitte setzen Sie sich auf den Ehrenplatz!
تاماق تەييار بولدى، ئۇستەلگە كېلىڭلار!	Das Essen ist gerichtet, bitte kommt zu Tisch!

Imperativendungen		Negation	Verbstamm
2. P. Sg. familiär	-(گىن)	-مە	كەل-
2. P. Sg. formell	-(ى)ڭ		كۆرسەت-
2. P. Plural	-(ى)ڭلار		ئىشلە-

ä, helles i	ö, ü	a, dunkles i	o, u
كېلىڭ كەلمەڭ	ئۆتۈڭ ئۆتمەڭ	يېزىڭ يازماڭ	ئۇچۇڭ ئۇچماڭ
كۆرسىتىڭ كۆرسەتمەڭ	يۈگۈرۈڭ يۈگۈرمەڭ	قاتنىشىڭ قاتناشماڭ	ئولتۇرۇڭ ئولتۇرماڭ
ئىشلەڭ ئىشلىمەڭ		ئويناڭ ئوينىماڭ	ئوقۇڭ ئوقۇماڭ
دەڭ دېمەڭ			يۇيۇڭ يۇماڭ

كەل، كەلگىن	komm, komm doch einmal
كېلىڭ	kommen Sie
كېلىڭلار	kommt
كەلمە، كەلمىگىن	komm nicht, komm doch nicht
كەلمەڭ	kommen Sie nicht
كەلمەڭلار	kommt nicht

b) Der Imperativ der 3. Personen

Das Suffix zur Bildung eines Imperativs der 3. Person lautet سۇن-; die deutsche Wiedergabe erfolgt durch das Hilfsverb *sollen*; die Verneinungssilbe ist zu مە- assimiliert:

باللار هويلىدا ئوينىسۇن.	Die Kinder sollen im Hof spielen.
تۇغۇلغان كۈنىڭىز قۇتلۇق بولسۇن!	Möge Ihr Geburtstag glücklich sein = alles Gute zum Geburtstag!
يېڭى يىلىڭىزغا مۇبارەك بولسۇن!	Alles Gute zum neuen Jahr!

Frage-partikel	Imperativendung	Negation	Verbstamm
مۇ-	سۇن-	مە-	كەل- كۆرسەت- ئىشلە-

ä, helles i	ö, ü	a, dunkles i	o, u
كەلسۇن كەلمىسۇن	ئۆتسۇن ئۆتمىسۇن	يازسۇن يازمىسۇن	ئۇچسۇن ئۇچمىسۇن
كۆرسەتسۇن كۆرسەتمىسۇن	يۈگۈرسۇن يۈگۈرمىسۇن	قاتناشسۇن قاتناشمىسۇن	ئولتۇرسۇن ئولتۇرمىسۇن
ئىشلىسۇن ئىشلىمىسۇن		ئوينىسۇن ئوينىمىسۇن	ئوقۇسۇن ئوقۇمىسۇن
دېسۇن دېمىسۇن			يۇسۇن يۇمىسۇن

كەلسۇن	er/sie soll kommen
كەلمىسۇن	er/sie soll nicht kommen
كەلسۇنمۇ؟	soll er/sie kommen?
كەلمىسۇنمۇ؟	solle er/sie nicht kommen?

c) Der Optativ

Der uighurische Optativ findet nur in den 1. Personen Anwendung; er entspricht dem deutschen Modalverb *mögen*, in der Frageform dem Modalverb *sollen*. Einsilbige Verbstämme mit ا assimilieren ihren Vokal nicht:

رۇخسەت قىلىڭ، مەن باراي.	Gestatten Sie, ich möchte gehen.
بۈگۈن بازارغا بارايلىمۇ؟	Sollen wir heute zum Markt gehen?
ئالدى بىلەن بىر نەرسە ئىچەيلى.	Lass und zuerst etwas trinken.

Frage-partikel	Optativendungen	Negation	Verbstamm
-مۇ	1. P. Sg. -(ە)ي 1. P. Pl. -(ە)يلى	-مە	كەل- كۆرسەت- ئىشلە-

ä, helles i	ö, ü	a, dunkles i	o, u
كېلەي كەلمەي	ئۆتەي ئۆتمەي	يازاي يازماي	ئۇچاي ئۇچماي
كۆرسىتەي كۆرسەتمەي	يۈگۈرەي يۈگۈرمەي	قاتنىشاي قاتناشماي	ئولتۇراي ئولتۇرماي
ئىشلەي ئىشلىمەي		ئويناي ئوينىماي	ئوقۇي ئوقۇماي
دەي دېمەي			يۇياي يۇماي

كېلەي	ich möchte kommen
كېلەيلى	lasst uns kommen
كەلمەي	ich möchte nicht kommen
كەلمەيلى	lasst uns nicht kommen
كېلەيمۇ؟	soll ich kommen?
كېلەيلىمۇ؟	sollen wir kommen?
كەلمەيمۇ؟	soll ich nicht kommen?
كەلمەيلىمۇ؟	sollen wir nicht kommen?

6. Mit ئىدى, ئىكەن und ئىمىش zusammengesetzte Formen

Es ist möglich, an die auf S. 50 aufgeführten Partizipien des Vollverbs – als weitere kommen die Partizipen des Präsens-Futur -يدىغان/-ىدىغان (vgl. S. 89) sowie des Präsens -(ى)ۋاتقان (vgl. S. 90) hinzu – anstelle der präsentischen Personalendungen die Formen von ئىدى, ئىكەن, ئىمىش oder ئىكەنمىش anzufügen, doch gehen in der Praxis nicht alle diese Verbindung ein. Während durch Anfügung von ئىدىم, ئىدىڭ etc. eine zeitliche Verlagerung der Handlung in die Vergangenheit erfolgt – auf diese Art werden unter anderem sowohl das Präteritum wie auch das Plusquamperfekt gebildet –, erhalten die Formen durch Anfügung von ئىكەن bzw. von ئىمىش oder ئىكەنمىش die in Kap. VII beschriebenen Nuancen der Vermutung bzw. der Unbestimmtheit.

An die Partizipien auf -ەر, -مەكچى, -مەكتە, -گەن, -يدىغان/-ىدىغان und -(ى)ۋاتقان schließen sich die Formen des Hilfsverbs problemlos an; sie werden entweder getrennt geschrieben oder an das vorausgehende Verb direkt angefügt und verlieren dabei meist den Vokal ihres ursprünglichen Verbstamms. Bei den Verbindungen mit dem Präsens-Futur, dem aktuellen Präsens sowie dem unbestimmten Perfekt dagegen ist es zu Verschleifungen gekommen.

Im Einzelnen:

a) Mit ئىدى zusammengesetzte Verbformen

	er war einer, der ...
يازا تۇرۇر ئىدى > يازاتتى	... schreibt/schreiben wird
يازا تۇرغان ئىدى > يازىدىغان ئىدى	
يازار ئىدى	... vielleicht schreiben wird
يازماقچى ئىدى	... beabsichtigt, zu schreiben
يېزىپ ياتا تۇرۇر ئىدى > يېزىۋاتاتتى	... gerade schreibt
يېزىپ ياتقان ئىدى > يېزىۋاتقان ئىدى	
يازماقتا ئىدى	... am Schreiben ist
يازغان ئىدى	... geschrieben hat
يېزىپ (تۇرۇر) ئىدى > يېزىۋدى	... wohl geschrieben hat

چۈشتە بازاردا تاماق يەيتتىم.	Ich pflegte (früher) auf dem Markt zu Mittag zu essen.
بىز بۈگۈن بۇغدا كۆلىگە بارماقچى ئىدۇق.	Wir wollten eigentlich heute zum Bughda-See fahren.
مېھمانلار كەلگەندە چاي دەملەۋاتاتتىم.	Als die Gäste kamen, goss ich gerade den Tee auf.
بۇلتۇر بۇ ۋاقىتتا ئۈرۈمچىدە تۇرۇۋاتقان ئىدىم.	Letztes Jahr um diese Zeit wohnte ich in Ürümtschi.
يېڭى بىنالار سېلىنماقتا ئىدى.	Man war dabei, neue Gebäude zu errichten.
ئىككىمىز ئۇزۇن يىللار كۆرۈشمىگەن ئىدۇق.	Wir beide hatten uns viele Jahre nicht gesehen.

Das Plusquamperfekt ىۋىدى- wird zum Audruck einer Handlung verwendet, die einer anschließenden Handlung vorausgegangen ist:

مەن ئىمتىھانغا تەييارلىق قىلىۋىدىم، ئۆتەلىدىم.	Ich hatte mich auf die Prüfung vorbereitet, und so habe ich sie (auch) bestehen können.

b) Bei den mit ئىكەن zusammengesetzten Verbformen gibt der Sprecher seinen persönlichen Eindruck wieder:

	er ist/war wohl einer, der ...
يازا تۇرۇر ئىكەن > يازىدىكەن	... schreibt/schreiben wird
يازا تۇرغان ئىكەن > يازىدىغان ئىكەن	
يازار ئىكەن	... vielleicht schreiben wird
يازماقچى ئىكەن	... beabsichtigt, zu schreiben
يېزىپ ياتا تۇرۇر ئىكەن > يېزىۋاتىدىكەن	... gerade schreibt
يېزىپ ياتقان ئىكەن > يېزىۋاتقان ئىكەن	
يازماقتا ئىكەن	... am Schreiben ist
يازغان ئىكەن	... geschrieben hat
يېزىپ تۇرۇر ئىكەن > يېزىپتىكەن	

سىز ئۇيغۇرچىنى ياخشى سۆزلەيدىكەنسىز.	Sie sprechen gut Uighurisch.
باللار ئۇخلاۋاتىدىكەن.	Die Kinder scheinen zu schlafen.
قوشنىمىزنىڭ مېھمانلىرى كېلىپتىكەن.	Die Gäste unseres Nachbarn scheinen gekommen zu sein.

Die Bildung -گەن ئىكەن kommt in ihrer Bedeutung dem unbestimmten Perfekt auf -(ى)پ nahe; sie wird ebenfalls vorzugsweise in Märchen verwendet:

بۇرۇنقى زاماندا چىن دۆلىتىنىڭ شىمالىدىكى بىر چوڭ شەھەردە بىر تىككۈچى ياشىغان ئىكەن.	In früherer Zeit lebte in einer großen Stadt im Norden Chinas ein Schneider.

Bei Fragesätzen kann der Dubitativ durch nachgestelltes مىكىن zum Ausdruck gebracht werden:

بۇ سۇ ئەتىگە يېتەر مىكىن؟	Ob dieses Wasser bis morgen reicht?

c) Mit ئىمىش und ئىكەنمىش zusammengesetzte Verbformen

	er ist/war angeblich einer, der ...
يازا تۇرۇر ئىكەنمىش > يازىدىكەنمىش	... schreibt/schreiben wird
يازا تۇرغان ئىكەنمىش > يازىدىغان ئىكەنمىش	
يازار (ئىكەن)-مىش	... vielleicht schreiben wird
يازماقچى (ئىكەن)-مىش	... beabsichtigt, zu schreiben
يېزىپ ياتا تۇرۇر ئىكەنمىش > يېزىۋاتىدىكەنمىش	... gerade schreibt
يېزىپ ياتقان (ئىكەن)-مىش > يېزىۋاتقان (ئىكەن)-مىش	
يازماقتا (ئىكەن)-مىش	... am Schreiben ist
يازغان (ئىكەن)-مىش	... geschrieben hat
يېزىپ تۇرۇر (ئىكەن)-مىش > يېزىپتىد(-كەن)-مىش	... wohl geschrieben hat

سىز مۈشۈكىڭىزنى ياخشى كۆرمەيدىكەنمىشسىز.	Es wird behauptet, dass Sie Ihre Katze nicht lieben.
قەشقەرگە بارماقچىمىشسىلەر.	Es heißt, dass ihr nach Kaschghar fahren wollt.
بۇ خەتنى مەن يېزىپتىمىشمەن.	Diesen Brief soll ich angeblich geschrieben haben.

7. Mit Bildungen von -بول zusammengesetzte Formen

Das Uighurische besitzt eine Reihe weiterer zusammengesetzter Verbformen, denn es ist möglich, alle diejenigen Bildungen von -بول, in denen es das Hilfsverbs *sein* vertritt (vgl. S. 44), an die Partizipien eines Vollverbs anzuschließen. So wird etwa zur Bildung des Futur II das Präsens-Futur von -بول hinter das Partizip Perfekt auf -گەن gestellt:

ئەته بۇ چاغدا ئۈرۈمچىگە بارغان بولىمىز.	Morgen um diese Zeit werden wir in Ürümtschi angekommen sein.

Durch die Perfektformen von -بول in seiner Bedeutung *werden* wird das Entstehen einer Situation zum Ausdruck gebracht:

مەن قەھۋە ئىچىدىغان بولۇپ قالدىم.	Ich bin einer geworden (und geblieben), der regelmäßig Kaffee trinkt = ich habe mir angewöhnt, Kaffee zu trinken.
مەن ئۇيغۇرچە ئۆگەنمەكچى بولدۇم.	Ich bin einer geworden, der Uighurisch lernen will = ich habe beschlossen, Uighurisch zu lernen.
شاھمات ئوينىماي-ئوينىماي شاھماتنى ئوينىيالماس بولدۇم.	Dadurch, dass ich lange nicht Schach gespielt habe, bin ich einer geworden, der nicht Schach spielen kann = habe ich verlernt, Schach zu spielen.

8. Konditionale Verbformen

Zur Bildung konditionaler Verbformen dient ein Themasuffix -سه, an das sich die gleichen Personalendungen wie beim Perfekt anschließen; die Verneinungssilbe -مه ist zu -مد assimiliert. Allein aus der Form des Prädikats wird deutlich, ob es sich um einen realen, potentialen oder irrealen Konditionalsatz handelt. Beim irrealen Konditional ist das Prädikat des Satzes die Verbindung eines Präsens-Futur mit ئىدى:

كىنوخانىغا بارساڭلار مەنمۇ بارىمەن/باراي.	Wenn ihr ins Kino geht, gehe ich auch.
كىنوخانىغا بارساڭلار مەنمۇ بارارمەن.	Falls ihr ins Kino gehen solltet, gehe ich möglicherweise auch.
كىنوخانىغا بارساڭلار مەنمۇ باراتتىم.	Wenn ihr ins Kino ginget, ginge ich auch.

Konditionale Personalendungen	Negation	Verbstamm
-سەم -سەڭ -سىڭىز -سە -سەك -سەڭلار -سە	-مد	كەل- كۆرسەت- ئىشلە-

ä, helles i	ö, ü	a, dunkles i	o, u
كەلسە كەلمىسە	ئۆتسە ئۆتمىسە	يازسا يازمىسا	ئۇچسا ئۇچمىسا
كۆرسەتسە كۆرسەتمىسە	يۈگۈرسە يۈگۈرمىسە	قاتناشسا قاتناشمىسا	ئولتۇرسا ئولتۇرمىسا
ئىشلىسە ئىشلىمىسە		ئوينىسا ئوينىمىسا	ئوقۇسا ئوقۇمىسا
دېسە دېمىسە			يۇسا يۇمىسا

كەلسەم	wenn ich komme
كەلسەڭ	wenn du kommst
كەلسىڭىز	wenn Sie kommen
كەلسە	wenn er/sie kommt
كەلسەك	wenn wir kommen
كەلسەڭلار	wenn ihr kommt
كەلسە	wenn sie kommen

كەلمىسەم	wenn ich nicht komme
كەلمىسەڭ	wenn du nicht kommst
كەلمىسىڭىز	wenn Sie nicht kommen
كەلمىسە	wenn er/sie nicht kommt
كەلمىسەك	wenn wir nicht kommen
كەلمىسەڭلار	wenn ihr nicht kommt
كەلمىسە	wenn sie nicht kommen

Folgt auf die konditionale Verbform die Partikel مۇ- *auch*, entsteht ein Konzessivsatz:

كۈز بولسىمۇ هاۋا ئىسسىق.	Wenn es auch Herbst ist, so ist das Wetter doch warm.

Sehr häufig finden sich Redewendungen, bei denen قانداق *wie wäre es* oder eine Form von بول- *werden*, *in Ordnung sein* das Prädikat bilden:

دېرىزىنى ئاچسام قانداق؟	Wie wäre es, wenn ich das Fenster öffnete?
دېرىزىنى ئاچسام بولامدۇ؟	Ist es in Ordnung, wenn ich das Fenster öffne?

Fehlt der Hauptsatz, bleibt die konditionale Verbform als Vorschlag oder Bitte im Raum stehen:

دېرىزىنى ئاچسام ...؟	Und wenn ich das Fenster öffne ...?

Folgen ئىكەن oder ئىدى als Prädikat, wird ein dringender Wunsch wiedergegeben:

يامغۇر ياغسا ئىكەن/ئىدى!	Wenn es doch nur einmal regnete!

Lautet das Prädikat des Satzes كېرەك *(es ist) notwendig*, wird eine Vermutung oder Schlussfolgerung zum Ausdruck gebracht:

مېھمانلىرىمىز بۈگۈن كەلسە كېرەك.	Unsere Gäste dürften heute kommen.

Bisweilen kann das konditionale *wenn* auch zu einem temporalen *wenn* oder *als* werden. In einem solchen Fall enthält Hauptsatz meist ein Prädikat mit ئىكەن oder dem Perfekt auf (ى)پ-:

بىز ئۆيگە كىرسەك ھېچكىم يوق ئىكەن.	Als wir das Haus betraten, war (wohl) niemand da.
ئۆيگە كەلسەم ئاتا – ئانام تېخى ئىشتىن قايتىپ كەلمەپتۇ.	Als ich nach Hause komme, sind meine Eltern (offensichtlich) noch nicht von der Arbeit zurück.

Vorzeitigkeit und Nachzeitigkeit sowie weitere Möglichkeiten der Differenzierung ergeben sich dadurch, dass man بولسام, بولساڭ etc. hinter die einzelnen Partizipien des Vollverbs stellt:

كەلمەكچى بولساڭلار سىلەرنى ساقلايمەن.	Wenn ihr die Absicht habt, zu kommen, werde ich auf euch warten.
ئەته شەھەرگە بارىدىغان بولسىڭىز بىللە بارايلى!	Wenn Sie morgen in die Stadt gehen, lassen Sie uns gemeinsam gehen!
تاماق يېمىگەن بولساڭلار ئاشخانىغا بارايلى.	Wenn ihr (noch) nicht gegessen habt, lasst uns in ein Lokal gehen.
ئىشلەۋاتقان بولسىڭىز كېيىن كېلەي.	Wenn Sie gerade arbeiten, komme ich später.
يامغۇر ياغمىغان بولسا بۇغدا كۆلگە باراتتۇق.	Wenn es nicht geregnet hätte, wären wir zum Bughda-See gefahren.
قىزىم تېلېفون بەرگەن بولسا كېرەك.	Meine Tochter dürfte angerufen haben.

قىزىم تېلېفون قىلىۋاتقان بولسا كېرەك.	Meine Tochter dürfte wohl gerade telefonieren.

Lösgelöst von ihrer ursprünglich konditionalen Bedeutung dient die Form بولسا als adversative Satzverbindung im Sinne von *was ... betrifft*, *hingegen*:

بىزنىڭ ئوغلىمىز مۇئەللىم، قىزىمىز بولسا دوختۇر.	Unser Sohn ist Lehrer, unsere Tochter hingegen Ärztin.

Schließlich verwenden auch verallgemeinernde Relativsätze, die im Deutschen durch Fragewörter eingeleitet werden, im Uighurischen stets eine konditionale Verbform:

سەن نەگە بارساڭ، مەنمۇ شۇ يەرگە بارىمەن.	Wohin du gehst, dahin gehe ich auch.

IX. Verbalnomina

1. Das Verbalnomen auf (ى)ش-

Ohne Possessivsuffixe drückt das Verbalnomen auf (ى)ش- eine Tätigkeit in ihrer allgemeinen und personenunabhängigen Bedeutung aus und entspricht so weitgehend deutschen Nebensätzen mit dem Infinitiv mit *zu*. Je nachdem, welchen Kasus das folgende Verb regiert, kann es dekliniert und im Zusammenhang mit Postpositionen verwendet werden:

ä, helles i	ö, ü	a, dunkles i	o, u
كېلىش	ئۆتۈش	يېزىش	ئۇچۇش
كۆرسىتىش	يۆگۈرۈش	قاتنىشىش	ئولتۇرۇش
ئىشلەش		ئويناش	ئوقۇش
دېيىش			يۇيۇش

كىرىش مۇمكىنمۇ؟	Ist es möglich, einzutreten = darf man eintreten?
بىر بىرىگە ياردەم قىلىش كېرەك.	Es ist nötig, einander zu helfen = man muss sich gegenseitig helfen.
ئۇيغۇرچە ئۆگىنىش قىزىقارلىق.	Es ist interessant, Uighurisch zu lernen.

Bei den Verben ئامراق بول- *sich begeistern*, بار- *hingehen*, باشلا- *anfangen*, بول- *möglich sein*, تەكلىپ قىل- *einladen*, تەييارلان- *sich vorbereiten*, تەييار بول- *bereit sein*, توغرا كەل- *angebracht sein*, چىق- *hinausgehen*, رۇخسەت قىل- *erlauben*, كەت- *weggehen*, كەل- *kommen*, كىرىش- *sich daran begeben*, ماڭ- *gehen*, قىزىق- *sich interessieren*, ۋەدە بەر- *versprechen*, ۋاقتى بول- *Zeit haben*, ياردەم قىل- *helfen* steht das Verbalnomen im Dativ:

قار يېغىشقا باشلىدى.	Es hat angefangen, zu schneien.
كىرىشكە بولامدۇ/رۇخسەتمۇ؟	Ist es möglich/gestattet, einzutreten?
مەن سىلەرگە ياردەم قىلىشقا كەلدىم.	Ich bin gekommen, euch zu helfen.

مەن سىلەرگە ياردەم قىلىشقا ۋەدە بەرگەن ئىدىم.	Ich hatte versprochen, euch zu helfen.
كېتىشكە تەييارمۇسىلەر؟	Seid ihr bereit, zu gehen?

Den Akkusativ regieren ئارزۇ قىل- *wünschen*, بىل- *wissen*, *können*, توختا- *aufhören*, خالا- *wollen*, ئىلتىماس قىل- *bitten*, ئويلا- *daran denken*, ئۆگەن- *lernen*, ئۇنۇت- *vergessen*, ياخشى كۆر- *lieben*, ياقتۇر- *Gefallen finden*:

سىز ئۈزۈشنى بىلەمسىز؟	Wissen Sie zu schwimmen = können Sie schwimmen?
ئۈزۈشنى قاچان ئۆگەندىڭىز؟	Wann haben Sie schwimmen gelernt?
مەن ساياھەت قىلىشنى ياخشى كۆرىمەن.	Ich liebe es, zu reisen.
نان ئېلىشنى ئۇنۇتۇپ قالىپتىمەن.	Ich habe vergessen, Brot zu holen.
نېمە قىلىشنى ئويلاۋاتىسەن؟	Was gedenkst du, zu tun?

Verbunden mit der Postposition ئۈچۈن *für* entsteht ein Finalsatz, der im Deutschen mit *um zu* wiedergegeben wird:

ئۇيغۇرچە ئۆگىنىش ئۈچۈن نېمە قىلىش كېرەك؟	Was muss man tun, um Uighurisch zu lernen?

Vor allem aber drückt das Verbalnomen auf (ى)ش- eine konkrete, auf eine handelnde Person bezogene Tätigkeit aus, die im Bereich des Präsens liegt, jedoch im Allgemeinen erst im unmittelbaren Anschluss an die gemachte Äußerung erfolgt. Die jeweils handelnden Personen werden durch ein vorangestelltes Pronomen oder Substantiv, meist aber durch Possessivsuffixe zum Ausdruck gebracht, wobei in der 3. Person sowohl der Genitiv als auch der Possessiv entfallen können. Im Deutschen steht entweder der substantivierte Infinitiv oder eine Nebensatzkonstruktion mit *dass*:

كىرىشىم مۇمكىنمۇ؟	Ist mein Eintreten möglich = ist es möglich, dass ich eintrete = darf ich eintreten?
بىر بىرىڭلارغا ياردەم قىلىشىڭلار كېرەك.	Es ist nötig, dass ihr einander helft = ihr müsst euch gegenseitig helfen.

بۈگۈن شەھەرگە بېرىشىمىز كېرەك.	Wir müssen heute in die Stadt fahren.
تورغا كىرىشىمگە ياردەملىشەمسىز؟	Würden Sie mir helfen, ins Internet zu kommen?

Hier sind es vor allem die Verben تىلە- *wünschen,* سورا- *darum bitten,* كۈت- *erwarten,* ئۈمىد قىل- *hoffen,* ئېيت- *sagen*, die im Zusammenhang mit dem Akkusativ verwendet werden:

كېلىشىڭلارنى ئۈمىد قىلىمىز.	Wir hoffen, dass ihr kommt.
سائەت ئوندا كېلىشىمنى ئېيتىپ قويۇڭ.	Bitte sagen Sie, dass ich um zehn Uhr komme.

Auf die gleiche Art werden Sätze wiedergegeben, die deutschen indirekten Fragesätzen entsprechen:

نېمە قىلىشىمنى بىلمەيمەن.	Ich weiß nicht, was ich tun soll.

Verbunden mit der Postposition بىلەن *mit* entsteht ein Temporalsatz, der im Deutschen durch *sobald, wenn*, *als* eingeleitet wird:

كۈن چىقىش بىلەن يولغا چىقايلى.	Lasst uns mit Sonnenaufgang aufbrechen = lasst uns aufbrechen, sobald die Sonne aufgeht.
يېتىپ بېرىشىڭ بىلەن بىزگە تېلېفون بەر!	Rufe uns an, sobald du ankommst!

Um Temporalsätze zu bilden, die im Deutschen mit *bevor* beginnen, wird die Postpositionen بۇرۇن hinter das Verbalnomen im Ablativ gestellt. Bei Subjektgleichheit von Haupt- und Nebenhandlung kann die Personenbezeichnung entfallen:

يولغا چىقىشتىن بۇرۇن ناشتا قىلايلى.	Lasst uns frühstücken, bevor wir uns auf den Weg machen.
سىلەر يولغا چىقىشتىن بۇرۇن ناشتا قىلايلى.	Lasst uns frühstücken, bevor ihr euch auf den Weg macht.

Schließlich sind auf der Basis dieses Verbalnomens eine Reihe reiner Substantive entstanden:

يېتىپ بېرىش	Ankunft	يولغا چىقىشه	Abreise
كىرىش	Eingang	چىقىش	Ausgang
سالاملىشىش	Begrüßung	خوشلىشىش	Verabschiedung

2. Das Verbalnomen auf -(ە)ر/-مەس

Attributiv vor ein Substantiv gestellt, dient dieses Verbalnomen dazu, eine Eigenschaft auszudrücken:

ئاقار سۇ	fließendes Wasser
قورقماس بالا	ein furchtloses Kind

In ihrem substantivischen Gebrauch gibt die um den Lokativ erweiterte verneinte Form einen Temporalsatz wieder, der im Deutschen durch *solange (noch) nicht* oder auch *bevor* eingeleitet wird:

قاراڭغۇ چۈشمەستە ئۆيگە قايتىپ كېتەيلى.	Lasst uns nach Hause zurückkehren, solange die Dunkelheit (noch) nicht hereingebrochen ist.

Darüber hinaus dient sie, erweitert um das Suffix -لىك, als negative Entsprechung des Verbalnomens auf -(ى)ش:

ئاغرىپ قالماسلىق ئۈچۈن نېمە قىلىشىم كېرەك؟	Was muss ich tun, um nicht krank zu werden?
بۈگۈن كەلمەسلىكىم مۇمكىن.	Es ist möglich, dass ich heute nicht komme.
بۇ ئىسسىقتا تۇرپانغا بارماسلىقىڭ كېرەك.	Es ist erforderlich, dass du bei dieser Hitze nicht nach Turfan fährst = du darfst/solltest bei dieser Hitze nicht nach Turfan fahren.

3. Das Verbalnomen auf -گەن als Substantiv

Das Verbalnomen auf -گەن hat sowohl Perfekt- als auch Präsensbedeutung, da hier die beschriebene Handlung bereits eingesetzt hat. Ob sie bereits abgeschlossen ist (Perfektbedeutung) oder noch andauert (Präsensbedeutung), ergibt sich aus dem Zusammenhang. Die jeweils handelnden Personen werden meist durch Possessivsuffixe wiedergegeben. Durch Anfügung des Suffixes -لىك (vgl. S. 109) erhält die beschriebene Handlung einen etwas allgemeineren oder unbestimmteren Charakter:

ä, helles i	ö, ü	a, dunkles i	o, u
كەلگەن	ئۆتكەن	يازغان	ئۇچقان
كۆرسەتكەن	يۈگۈرگەن	قاتناشقان	ئولتۇرغان
ئىشلىگەن		ئوينىغان	ئوقۇغان
دېگەن			يۇغان

بۇ يەرگە كەلگىنىڭىز ياخشى بولدى.	Es war gut, dass Sie hierher gekommen sind.
بۇ خەتنى يازغىنىم يوق.	Dass ich diesen Brief geschrieben haben soll, gibt es gar nicht = ich habe diesen Brief bestimmt nicht geschrieben.
سىز بىلەن تونۇشقىنىمغا خوشالمەن.	Ich freue mich, dass ich mit Ihnen bekannt geworden bin = es freut mich, Sie kennen gelernt zu haben.
بۇ يەرگە كەلگىنىمگە ئىككى ئاي بولدى.	Es sind jetzt zwei Monate, dass ich hierher gekommen bin.

Hier sind es Verben wie ئاڭلا- *hören*, ئەسلە- *sich erinnern*, بىل- *wissen*, چۈشەندۈر- *erklären*, دە- *sagen*, كۆر- *sehen*, ئوقۇ- *lesen*, تۇي- *bemerken*, ياز- *schreiben*, bei denen das Verbalnomen im Akkusativ steht:

مېنىڭ ئۇيغۇرچە ئۆگەنگىنىمنى بىلەمسەن؟	Weißt du, dass ich Uighurisch gelernt habe?
ئادىلنىڭ قەشقەردىن كەلگەنلىكىنى ئاڭلىدىم.	Ich habe gehört, dass Adil aus Kaschghar gekommen ist.

مېنىڭ تېلېفون قىلغانلىقىمنى ئېيتىپ قويامسىز؟	Würden Sie bitte ausrichten, dass ich angerufen habe?

Auf die gleiche Art werden Sätze wiedergegeben, die deutschen indirekten Fragesätzen entsprechen:

نېمە قىلغىنىمنى بىلەمسەن؟	Weißt du, was ich gemacht habe?
تۇرسۇننىڭ كەلگەن – كەلمىگەنلىكىنى بىلەمسەن؟	Weißt du, ob Tursun gekommen ist (oder nicht)?

Der Lokativ des Verbalnomens auf گەن- gibt Temporalsätze wieder, die im Deutschen durch *als*, *wenn* eingeleitet werden. Ist das Subjekt der Nebenhandlung ein anderes als das der Haupthandlung, wird es zusätzlich an den Satzanfang gestellt:

ئۈرۈمچىگە يېتىپ بارغاندا بىزگە تېلېفون بەر!	Rufe uns an, wenn du in Ürümtschi angekommen bist!
تۇرسۇن ئۈرۈمچىگە يېتىپ بارغاندا بىزگە تېلېفون بەر!	Rufe uns an, wenn Tursun in Ürümtschi angekommen ist!

Hierher gehören auch die Zeitangaben mit *um* (vgl. S. 35):

دوكلات سائەت ئىككىدىن ئون بەش مىنۇت ئۆتكەندە باشلىنىدۇ.	Der Vortrag beginnt, wenn an zwei Uhr fünfzehn Minuten vorbeigehen.
دوكلات سائەت ئۈچكە ئون بەش مىنۇت قالغاندا باشلىنىدۇ.	Der Vortrag beginnt, wenn bis drei Uhr fünfzehn Minuten bleiben.

Häufig wird dieses *wenn* auch zu einem *wenn* irrealer Konditionalsätze:

سىلەر كىنوخانىغا بارغاندا مەنمۇ باراتتىم.	Ich wäre auch ins Kino gegangen, wenn ihr gegangen wärt.

Der Ablativ dient auch hier zur Wiedergabe eines Komparativs (vgl. S. 21):

بۇ كۆينەك ئويلىغىنىمدىن قىممەتكەن.	Dieses Hemd ist teurer als ich dachte.

Kausalsätze werden entweder durch den Ablativ oder aber den Nominativ mit der Postposition ئۈچۈن wiedergegeben:

ئاغرىپ قالغانلىقىمدىن دەرسكە كېلەلمىدىم / ئاغرىپ قالغىنىم ئۈچۈن دەرسكە كېلەلمىدىم.	Ich konnte nicht zum Unterricht kommen, weil ich krank war.

Verbunden mit بىلەن *mit* entstehen Konzessivsätze, die im Deutschen mit *obwohl* beginnen:

ئاغرىپ قالغان بىلەن دەرسكە باردىم / ئاغرىپ قالغىنىم بىلەن دەرسكە باردىم.	Obwohl ich krank war, bin ich zum Unterricht gegangen.

Um Temporalsätze zu bilden, die im Deutschen mit *nachdem* beginnen, wird die Postposition كېيىن hinter das Verbalnomen im Ablativ gestellt. Bei Subjektgleichheit von Haupt- und Nebenhandlung kann die Personenbezeichnung entfallen:

ناشتا قىلغاندىن كېيىن يولغا چىقتۇق.	Nachdem wir gefrühstückt hatten, haben wir uns auf den Weg gemacht.
سىلەر ناشتا قىلغاندىن كېيىن يولغا چىقايلى!	Lasst uns aufbrechen, nachdem ihr gefrühstückt habt!

Die Formen des Hilfsverbs *sein* werden durch das eher statische ئىكەن(-لىك) oder auch das mehr dynamische بولغان(-لىق) wiedergegeben:

مېنىڭ ئوغلۇم(-نىڭ) دوختۇر ئىكەنلىكىنى بىلەمسىز؟	Wissen Sie, dass mein Sohn Arzt ist?
مېنىڭ ئوغلۇم(-نىڭ) دوختۇر بولغىنىنى بىلەمسىز؟	Wissen Sie, dass mein Sohn Arzt (geworden) ist?

نېمە قىلماقچى بولغىنىمنى بىلەمسەن؟	Weißt du, was ich machen möchte?
يېڭى بىنالار سېلىنماقتا بولغانلىقىنى كۆردۈڭلارمۇ؟	Habt ihr gesehen, dass neue Gebäude errichtet werden?

Als Verbalnomina von بار *vorhanden* und يوق *nicht vorhanden* dienen بارلىق und يوقلىق:

قوشنىمىزنىڭ يېڭى ماشىنىسى(-نىڭ) بارلىقىنى كۆردۇم.	Ich habe gesehen, dass unser Nachbar ein neues Auto hat.
خىزمىتىڭىز(-نىڭ) يوقلىقىنى ئاڭلىدىم.	Ich habe gehört, dass Sie keine Anstellung haben.

4. Das Verbalnomen auf گەن- als Partizip

Anders als bei seiner Verwendung als Verbalsubstantiv beschreibt das Verbalnomen auf گەن- als Verbaladjektiv nicht die Handlung, sondern den Handelnden selbst und entpricht so einem Partizip des Perfekt bzw. der Vorzeitigkeit. Seine hauptsächliche Verwendung besteht in der Entsprechung deutscher Relativsätze.

Bei den folgenden Beispielen ist das auf das Partizip folgende Substantiv das Subjekt der Nebenhandlung; im Deutschen steht das Relativpronomen im Nominativ:

بىزنى تاماققا تەكلىپ قىلغان قوشنا كىم؟	Wer ist der Nachbar, **der** uns zum Essen eingeladen hat?
بىزنى تاماققا تەكلىپ قىلغان قوشنىنىڭ ئىسمى نېمە؟	Wie heißt der Nachbar, der uns zum Essen eingeladen hat?

Steht vor dem Partizip ein Substantiv mit dem Possessivsuffix der 3. Person, ist dieses Wort das Subjekt des Nebensatzes. Die deutsche Übersetzung erfolgt, indem man das Relativpronomen in den Genitiv setzt:

ئاتىسى بىزنى تاماققا تەكلىپ قىلغان قوشنا كىم؟	Wer ist der Nachbar, **dessen Vater** uns zum Essen eingeladen hat?
ئاتىسى بىزنى تاماققا تەكلىپ قىلغان قوشنىنىڭ ئىسمى نېمە؟	Wie heißt der Nachbar, dessen Vater uns zum Essen eingeladen hat?

Steht vor dem Partizip ein Pronomen oder Substantiv im Nominativ, jedoch ohne Possessivsuffix der 3. Person, ist dies das Subjekt des Nebensatzes. Gleichzeitig wird das hinter dem Partizip stehende Substantiv zum Objekt der Nebenhandlung. Welchen Kasus das Verb, das die Partizipialform bildet, regiert, bleibt dabei unberücksichtigt:

سلەر تاماققا تەكلىپ قىلغان قوشنا كىم؟	Wer ist der Nachbar, **den ihr** zum Essen eingeladen habt?
سلەر تاماققا تەكلىپ قىلغان قوشنىنىڭ ئىسمى نېمە؟	Wie heißt der Nachbar, den ihr zum Essen eingeladen habt?

Steht zusätzlich vor der Partizipialform ein Substantiv mit dem Possessivsuffix der 3. Person sowie dem Kasus bzw. Postpositionalkasus, den das betreffende Verb regiert, ist dieses das Objekt des Nebensatzes:

سلەر ئاتىسىنى تاماققا تەكلىپ قىلغان قوشنا كىم؟	Wer ist der Nachbar, **dessen Vater ihr** zum Essen eingeladen habt?
سلەر ئاتىسىنى تاماققا تەكلىپ قىلغان قوشنىنىڭ ئىسمى نېمە؟	Wie heißt der Nachbar, dessen Vater ihr zum Essen eingeladen habt?

Statt durch das vorausgestellte Pronomen oder Substantiv kann das Subjekt des Nebensatzes gelegentlich auch dadurch bezeichnet werden, dass man an das hinter dem Partizip stehende Substantiv das entsprechende Possessivsuffix anfügt:

تاماققا تەكلىپ قىلغان قوشنىڭلار كىم؟	Wer ist der Nachbar, den ihr zum Essen eingeladen habt?

Bei Verben wie -دە *sagen* kann das Partizip auch passive Bedeutung haben:

مانا بۇغدا كەلى دېگەن كۆل.	Seht her, das ist der See, der Bughda-See genannt wird.

Steht das Partizip vor einem Zeitbegriff, entstehen Temporalsätze, die, ähnlich dem substantivischen -گەندە (S. 84), im Deutschen durch *als* eingeleitet werden:

تۇغۇلغان كۈنىڭىز قۇتلۇق بولسۇن!	Möge der Tag, an dem Sie geboren wurden, glücklich sein = alles Gute zum Geburtstag!

مەن يېتىپ بارغان چاغدا سىلەر يوق ئىكەنسىلەر.	(Zu dem Zeitpunkt) als ich ankam, wart ihr (wohl) nicht da.

Verbunden mit هالدا *im Zustand* wird eine Nebenhandlung zum Ausdruck gebracht, die die Art und Weise beschreibt, in der sich die Haupthandlung vollzieht:

مۇئەللىم بىزگە قارىغان هالدا سۆز باشلىدى.	Der Lehrer begann zu sprechen, wobei er zu uns schaute.

Das Partizip des Hilfsverbs *sein* wird mittels -بول gebildet:

سەن ئالماقچى بولغان كىتابنى ئالدىڭمۇ؟	Hast du das Buch gekauft, das du kaufen wolltest?

Bei Sätzen, in denen das Relativpronomen im Genitiv steht, werden die Wörter بار *vorhanden* und يوق *nicht vorhanden* sowie alle anderen Adjektive als selbständige Partizipien eingesetzt:

قوشنىمىز يېڭى ماشىنىسى بار بىر ادەم.	Unser Nachbar ist ein Mann, der ein neues Auto hat.
قوشنىمىز بالىسى يوق بىر ادەم.	Unser Nachbar ist ein Mann, der keine Kinder hat.

Auch in seiner Funktion als Partizip kann das Verbalnomen auf -گەن substantivisch verwendet werden (vgl. hierzu seine Verwendung als Prädikatsnomen, S. 64):

بىزنى تاماققا تەكلىپ قىلغان كىم؟	Wer ist es, der uns zum Essen eingeladen hat?
مۈشۈكۈمنى كۆرگەن بارمۇ؟	Gibt es jemanden, der meine Katze gesehen hat?
بالا ئۇخلىغان ئوخشايدۇ.	Das Kind sieht aus wie eines, das geschlafen hat = das Kind scheint geschlafen zu haben.

5. Das Verbalnomen auf -يدىغان/-ىدىغان

Dieses Verbalnomen ist die präsens-futurische Entsprechung des Verbalnomens auf -گەن:

ä, helles i	ö, ü	a, dunkles i	o, u
كېلىدىغان	ئۆتىدىغان	يازىدىغان	ئۇچىدىغان
كۆرسىتىدىغان	يۈگۈرىدىغان	قاتنىشىدىغان	ئولتۇرىدىغان
ئىشلەيدىغان		ئوينايدىغان	ئوقۇيدىغان
دەيدىغان			يۇيىدىغان

دوستۇم ئۇيغۇرچە بىلمەيدىغانلىقى ئۈچۈن مەن ئۇنىڭغا تەرجىمە قىلىپ بەردىم.	Weil mein Freund nicht Uighurisch kann, habe ich für ihn übersetzt.
كېلىدىغانلىقىڭلارنى بىلدىم.	Ich habe gewusst, dass ihr kommen würdet.

بازارغا قانداق بارىدىغانلىقىمنى ئېيتىپ بېرەمسىز؟	Würden Sie mir sagen, wie ich zum Markt komme?
قانچىلىك ئۇزۇن تۇرىدىغانلىقىمنى تېخى بىلمەيمەن.	Ich weiß noch nicht, wie lange ich bleiben werde.
تۇرسۇننىڭ كېلىدىغان – كەلمەيدىغانلىقىنى بىلەمسەن؟	Weißt du, ob Tursun kommen wird (oder nicht)?

خوتەنگە بارىدىغان ئاپتوبۇس سائەت ئىككىدە يولغا چىقىدۇ.	Der Bus, der nach Khotan fährt, fährt um zwei Uhr ab.
سىلەر بارىدىغان شەھەر يىراقمۇ؟	Ist die Stadt, in die ihr fahren werdet, weit?
سىلەر كېلىدىغان كۈنى ماڭا تېلېفون بېرىڭلار!	Ruft mich an dem Tag an, an dem ihr kommt.

ئۇيغۇرچە سۆزلىيەلەيدىغان بارمۇ؟	Gibt es jemanden, der Uighurisch sprechen kann?
مېھمان بۈگۈن كەلمەيدىغان ئوخشايدۇ.	Es sieht so aus, als würde der Gast heute nicht kommen.

6. Das Verbalnomen auf -(ى)ۋاتقان

Das Verbalnomen auf -(ى)ۋاتقان drückt das Präsens bzw. die Gleichzeitigkeit mit der Haupthandlung aus:

ä, helles i	ö, ü	a, dunkles i	o, u
كېلىۋاتقان	ئۆتۈۋاتقان	يېزىۋاتقان	ئۇچۇۋاتقان
كۆرسىتىۋاتقان	يۈگۈرۈۋاتقان	قاتنىشىۋاتقان	ئولتۇرۇۋاتقان
ئىشلەۋاتقان		ئويناۋاتقان	ئوقۇۋاتقان
دەۋاتقان			يۇيۇۋاتقان

ئۇيغۇر تىلىنى ئۆگىنىۋاتقىنىمغا بىر يىل بولدى.	Es ist jetzt ein Jahr, dass ich die uighurische Sprache lerne.
ئىشلەۋاتقىنىمنى كۆرمەيۋاتامسەن؟	Siehst du nicht, dass ich arbeite?
بىز ئۇخلاۋاتقاندا تېلېفون جىرىڭلىدى / بىز ئۇخلاۋاتقان چاغدا تېلېفون جىرىڭلىدى.	Als wir gerade schliefen, läutete das Telefon.

تۇرسۇننىڭ ئىشلەۋاتقان – ئىشلىمەيۋاتقانلىقىنى بىلەمسەن؟	Weißt du, ob Tursun gerade arbeitet (oder nicht)?

ئېشىكتىن كىرىۋاتقان قىز كىم؟	Wer ist das Mädchen, das zur Tür hereinkommt?
سەن ئىزدەۋاتقان كىتاب بۇمۇ؟	Ist dies das Buch, das du suchst?
سىز ئوقۇۋاتقان كىتابنى كىم يازغان؟	Wer hat das Buch geschrieben, das Sie (gerade) lesen?

بالىلار ئۇخلاۋاتقان ئوخشايدۇ.	Die Kinder scheinen zu schlafen.

X. Konverbien

Konverbien sind Verbformen, die dadurch entstehen, dass man an den Stamm eines Verbs ein bestimmtes Suffix anfügt und sie dann nicht weiter dekliniert oder konjugiert, so dass der Zeitpunkt sowie das Subjekt der auf diese Art wiedergegebenen Handlung erst aus einem folgenden Verb deutlich werden. Durch Konverbien werden im Wesentlichen Sachverhalte wiedergegeben, die deutschen Adverbialsätzen entsprechen (vgl. die Übersicht über die deutschen Nebensätze und ihre uighurischen Entsprechungen im Anhang, S. 129).

1. Das Konverb auf ە-/ي-

Dieses Konverb dient der Wiedergabe von Modalsätzen, die im Deutschen durch *indem*, *wobei*, *dadurch dass* oder auch durch ein adverbiales Partizip eingeleitet werden. Meist tritt es in verdoppelter Form auf, so dass die Nebenhandlung intensiviert wird zu *indem immer wieder*, *wobei immerzu*. Das Konverb wird gebildet, indem man an den Stamm eines Verbs nach Konsonant ە-, nach Vokal ي- anfügt; einsilbige Verbstämme mit ا assimilieren ihren Vokal nicht:

ä, helles i	ö, ü	a, dunkles i	o, u
كېله كەلمەي	ئۆته كۆتمەي	يازا يازماي	ئۇچا ئۇچماي
كۆرسته كۆرسەتمەي	يۈگۈره يۈگۈرمەي	قاتنشا قاتناشماي	ئولتۇرا ئولتۇرماي
ئشلەي ئشلمەي		ئويناي ئوينماي	ئوقۇي ئوقۇماي
دەي دېمەي			يۇيا يۇماي

تاما-تاما كۆل بولار.	Durch ständiges Tropfen entsteht ein See.

ماڭا-ماڭا ئاخىرى تاغنىڭ ئۈستىگە چىقتۇق.	Indem wir immerzu gegangen sind, haben wir schließlich den Berggipfel bestiegen.

In seiner negierten Form -مەي hat dieses Konverb die Bedeutung *ohne zu*:

گەپ قىلماي ئىشلەيلى.	Lasst uns arbeiten, ohne zu reden.

Stellt man bejahte und verneinte Form hintereinander, entsteht ein Temporalsatz, der im Deutschen mit *kaum dass* eingeleitet wird. Die verneinte Form erhält meist zusätzlich die Partikel -لا (vgl. S. 107):

مەن ئولتۇرا-ئولتۇرمايلا تېلېفون جىرىڭلىدى.	Kaum hatte ich mich hingesetzt, da läutete (auch schon) das Telefon.

Die Form توختىماي *ohne anzuhalten* entspricht den deutschen Ausdrücken *ununterbrochen, fortwährend, pausenlos*:

تۈنۈگۈن توختىماي يامغۇر ياغدى.	Gestern hat es pausenlos geregnet.

2. Verbalkompositionen mit dem Konverb auf -ى/-ە

Aus einer Verbindung des Konverbs mit dem Verb -ئال *nehmen* sind die Formen des Possibilitivs bzw. bei Verneinung des Impossibilitivs entstanden, wobei damit ausgedrückt wird, dass man in einer konkreten Situation in der Lage bzw. nicht in der Lage ist, etwas zu tun. Zur Bildung der bejahten Form wird an den Verbstamm nunmehr das Suffix -(ي)ەلە-, -(ي)الا-, bei Verneinung -(ي)ەلمە-, -(ي)الما- angefügt:

سىز ئەتە بىزنىڭكىگە كېلەلەمسىز؟	Können Sie morgen zu uns kommen?
كەچۈرۈڭ، مەن كېلەلمەيمەن.	Verzeihen Sie, ich kann nicht kommen.

Die Grundform des Präsens-Futur des Vollverbs sowie das dazugehörige Verbalnomen sind aus einer Verbalkomposition dieses Konverbs mit -تۇر *stehen, leben* entstanden (vgl. S. 50, 71 ff., 89).

3. Das Konverb auf -(ى)پ

Dieses Konverb wird eingesetzt, um bei aufeinanderfolgenden Handlungen, die im Deutschen durch *und* verbunden werden, die Wiederholung gleicher Suffixe zu vermeiden:

ä, helles i	ö, ü	a, dunkles i	o, u
كېلىپ	ئۆتۈپ	يېزىپ	ئۇچۇپ
كۆرسىتىپ	يۈگۈرۈپ	قاتنىشىپ	ئولتۇرۇپ
ئىشلەپ		ئويناپ	ئوقۇپ
دەپ			يۇيۇپ

چاي ئىچىپ كېلىمەن.	Ich werde Tee trinken und (dann) kommen.
چاي ئىچىپ كەلدۇق.	Wir haben Tee getrunken und sind gekommen.

Bisweilen lässt der Kontext auch die Wiedergabe als Kausal-, Konsekutiv- oder Temporalsatz zu:

تۈنۈگۈن بېشىم ئاغرىپ ئىشلىيەلمىدىم.	Gestern hatte ich Kopfschmerzen und konnte nicht arbeiten = ich konnte gestern nicht arbeiten, **weil** ich Kopfschmerzen hatte.
سېنى كۆرۈپ خوشال بولدۇم.	Ich habe dich gesehen und mich gefreut = **als** ich dich gesehen habe, habe ich mich gefreut.

Zudem hat dieses Konverb weitgehend dasjenige auf -ە/-ي abgelöst:

بىز چاي ئىچىپ پاراڭلاشتۇق.	Wir haben Tee getrunken und uns (dabei) unterhalten.
مېڭىپ-مېڭىپ ئاخىرى تاغنىڭ ئۈستىگە چىقتۇق.	Wir sind gegangen und gegangen und haben schließlich den Berggipfel bestiegen.

4. Verbalkompositionen mit dem Konverb auf (ى)پ-

Mit Hilfe des Konverbs auf (ى)پ- lässt sich eine nahezu unbegrenzte Anzahl von Verben aneinanderreihen:

مەن ئەتىگەن تۇرۇپ، يۇيۇنۇپ، كىيىنىپ، ناشتا قىلىپ كەلدىم.	Ich bin früh aufgestanden, habe mich gewaschen, angezogen, gefrühstückt und bin gekommen.

Eine besondere Eigenschaft dieses Konverbs besteht darin, dass es sich mit anderen Verben zu Verbalkompositionen verbindet, die in diesem Zusammenhang teilweise ihre ursprüngliche Bedeutung verlieren. Besonders häufig verwendete Verbindungen werden zu einer Verbform zusammengezogen:

ئېلىپ بار- *nehmen und gehen* wurde zu ئاپار- *hin-, wegbringen*
ئېلىپ كەل- *nehmen und kommen* wurde zu ئەكەل- *herbringen*:

مېنى ئايرودرومغا ئاپىرىپ قويۇڭ!	Bringen Sie mich bitte zum Flughafen!
چاي ئەكېلىپ بېرەيمۇ؟	Soll ich Tee bringen (und Ihnen geben)?

Die Verben ئال- *nehmen* und بەر- *geben* machen deutlich, dass die durch das Konverb wiedergegebene Handlung zugunsten einer Person erfolgt; die Verbindung von (ى)پ- mit ئال- wird dabei zu (ى)ۋال-:

ئادرېسىمنى يېزىۋېلىڭ!	Schreiben Sie sich meine Adresse auf!
ئادرېسىڭىزنى يېزىپ بېرەمسىز؟	Schreiben Sie mir Ihre Adresse auf?

Durch بەر- *geben* wird daneben auch eine fortgesetzte, ruhig und ungehindert verlaufende Handlung zum Ausdruck gebracht. In diesem Fall sind beide Verben miteinander verschmolzen, so dass auf den Stamm des Hauptverbs nunmehr (ى)ۋەر- folgt:

قاچان كەلگۈڭىز كەلسە كېلىۋېرىڭ!	Kommen Sie nur, wann immer Sie Lust haben zu kommen!

Das Verb ئەت- betont, dass die beschriebene Handlung heftig und plötzlich einsetzt und unter Umständen andauert. Auch ئەت- wird mit dem vorausgehenden Verb verbunden, so dass das Suffix -(ى)ۋەت- entsteht:

بالىلار مېنى كۆرۈپ كۈلۈۋەتتى.	Die Kinder sind in Gelächter ausgebrochen, als sie mich sahen.

Durch بار- *gehen* wird eine schrittweise, langsame aber stetige Entwicklung der Handlung ausgedrückt:

هاۋا كۈندىن-كۈنگە ئىسسىپ بارماقتا.	Das Wetter wird von Tag zu Tag wärmer.

Verbunden mit باق- *schauen* entsteht die Bedeutung *probieren, versuchen*:

بۇ كۆينەكنى كىيىپ باقسام بولامدۇ؟	Ist es möglich, dass ich dieses Hemd anprobiere?

Das Verb بول- *werden* bringt das Beenden einer Handlung zum Ausdruck:

مەن كىتابنى ئوقۇپ بولدۇم.	Ich habe das Buch zu Ende gelesen.

Das Verb چىق- *hinausgehen* gibt wieder, dass eine Handlung vom Anfang bis zum Ende durchgeführt wird/wurde:

مەن كىتابنى ئوقۇپ چىقتىم.	Ich habe das Buch ganz durchgelesen.

Das Verb كەل- drückt nicht nur eine räumliche Bewegung zum Standort des Sprechers hin aus. Es kann auch verdeutlichen, dass sich eine Handlung bis in die Gegenwart erstreckt:

قاچان قايتىپ كېلىسىلەر؟	Wann kommt ihr zurück?
بازارغا بېرىپ كەلدۇق.	Wir sind zum Markt gegangen und (schon) wieder zurückgekommen = wir waren (bis eben) auf dem Markt.

Demgegenüber drückt كەت- *weggehen* nicht nur eine räumliche Bewegung vom Standort des Sprechers fort aus, sondern gibt auch wieder, dass eine plötzliche und häufig als unangenehm empfundene Veränderung stattgefunden hat. Die Verbindung ئېلىپ كەت- *nehmen und gehen* wird zusammengezogen zu ئەكەت- *wegbringen*:

سائەت سەككىزدە ئۆدىن چىقىپ كەتتۇق.	Wir sind um acht Uhr von zu Hause weggegangen.
كىتابلارنى كۈتۈپخانىغا ئەكەتتىم.	Ich habe die Bücher in die Bibliothek gebracht.
ھاۋا ئىسسىپ كەتتى.	Das Wetter ist plötzlich (unerträglich) heiß geworden.

Verbindungen mit كۆر- *sehen* haben eine ähnliche Bedeutung wie diejenigen mit باق-; sie werden jedoch seltener verwendet:

تاپشۇرۇقنى ئىشلەپ كۆرەيلى.	Lasst uns zusehen, dass wir die Hausaufgaben machen.

Das Verb ئۆت- *vorbeigehen* macht deutlich, dass die beschriebene Handlung nebenbei erfolgt/erfolgt ist:

ئاتام بۇ ئىشلارنى ئېيتىپ ئۆتتى.	Mein Vater hat diese Dinge erwähnt.

Das Verb قال- *bleiben* drückt das Einsetzen einer Handlung und zugleich das Andauern des eingetretenen Zustandes aus:

سائىتىم بۇزۇلۇپ قالدى.	Meine Uhr ist kaputtgegangen.

Die Verwendung des Verb قوي- *setzen*, *stellen*, *legen* als Hilfsverb verleiht der beschriebenen Handlung einen gewissen Nachdruck und wird vor allem im Zusammenhang mit einem Imperativ verwendet:

ئىشىكنى يېپىپ قويۇڭ!	Schließen Sie (bitte) die Tür!
مېنى ئەتىگەن سائەت يەتتىدە ئويغىتىپ قويۇڭ!	Wecken Sie mich (bitte) morgen früh um sieben Uhr!

Durch -سال *legen, hineintun* wird ausgedrückt, dass die Handlung ohne besondere Anstrengung, teilweise auch versehentlich, durchgeführt wurde:

تاپشۇرۇق دەپتىرىمنى ئېتىپ سالدىم.	Ich habe versehentlich mein Aufgabenheft weggeworfen.

Das Verb -تاشلا *werfen* zeigt an, dass die Handlung plötzlich, unkontrolliert oder auch gründlich durchgeführt wurde:

ئاچچىقىمدا ئۇنىڭ خېتىنى يىرتىپ تاشلىدىم.	In meinem Zorn habe ich seinen/ihren Brief zerrissen.

-تۇر *stehen* kann ausdrücken, dass die geschilderte Handlung zeitlich befristet ist:

بۇ يەردە ساقلاپ تۇرۇڭ، دوختۇر هازىرلا كېلىدۇ.	Warten Sie hier, der Arzt kommt gleich.

Eine eigene Gruppe von Präsensformen stellen die Verbalkompositionen des Konverbs auf -(ى)پ mit den Verben -ئولتۇر *sitzen*, -يۈر *(daher)gehen*, -تۇر *stehen, leben* und -يات *liegen* dar. Bei -ئولتۇر wird die Handlung kontinuierlich oder in sitzender Position ausgeführt, -يۈر gibt eine Tätigkeit wieder, die sich über einen längeren Zeitraum erstreckt oder mit körperlicher Bewegung verbunden ist; -تۇر *stehen* macht deutlich, dass sich die beschriebene Tätigkeit in regelmäßigen Abständen wiederholt:

نېمە قىلىپ ئولتۇرىسىلەر؟	Was macht ihr gerade?
باللار توپ ئويناپ يۈرىدۇ.	Die Kinder spielen Ball.
باللىرىمىز بىزنى يوقلاپ تۇرىدۇ.	Unsere Kinder schauen regelmäßig bei uns vorbei.

Die Formen des unbestimmten Perfekt gehen ebenfalls auf die Verbindung -(ى)پ تۇر- zurück (vgl. S. 50, 66, 71 ff.); aus -(ى)پ يات- schließlich sind die allgemein für das Präsens verwendeten Formen entstanden (vgl. S. 50, 58, 71 ff., 90).

5. Die Form دەپ

Eine besondere Funktion erfüllt die Konverbform دەپ des Verbs -دە *sagen*. Hierbei sind zwei grundlegende Dinge vorauszuschicken: Zum einen bevorzugt das Uighurische die Wiedergabe direkter Reden, zum anderen hat auf eine solche direkte Rede immer eine Form des Verbs -دە zu folgen:

تۇرسۇن نېمە دېدى؟	Was hat Tursun gesagt?
كېلىمەن دېدى.	Er hat gesagt: „Ich komme.“

Eine Möglichkeit, einen Wunsch oder eine Absicht zu äußern, besteht darin, dass man das Verb -دە *sagen* auf den Optativ folgen lässt:

مەن چاي ئىچەي دەيمەن.	Ich würde sagen, ich trinke Tee. = ich würde gerne Tee trinken.

Soll auf das Zitat ein anderes Verb folgen, wird als Verbindung die Form دەپ eingeschoben. Zitatzeichen, die den Überblick erleichtern, werden in دەپ den Texten meist nicht gesetzt. Die Form دەپ ist der einzige Hinweis darauf, dass an dieser Stelle ein Zitat endet; der Beginn des Zitats muss aus dem Kontext erschlossen werden:

ئاپام نەگە بارسەن دەپ سورىدى.	Meine Mutter hat gefragt: „Wohin gehst du?“ = meine Mutter hat mich gefragt, wohin ich gehe.
مەن كىنوغا بارىمەن دەپ جاۋاب بەردىم.	Ich habe geantwortet: „Ich gehe ins Kino“ = ich habe geantwortet, **dass** ich ins Kino gehe.
مەن بۈگۈن كىنوغا بارايمۇ دەپ ئويلىغان ئىدىم.	Ich hatte überlegt: „Soll ich heute ins Kino gehen?“ = ich hatte überlegt, **ob** ich heute ins Kino gehen soll.
مېھمانلىرىڭىز كەلدى دەپ ئاڭلىدىم.	Ich habe gehört: „Ihre Gäste sind gekommen“ = ich habe gehört, **dass** Ihre Gäste gekommen sind.

Ist im Zitat eine Aufforderung enthalten, handelt es sich um einen Finalsatz:

كېرىم قايتىپ كەلسە، ماڭا تېلېفون بەرسۇن دەپ ئېيتىپ قويۇڭ.	Wenn Kerim zurückkommt, sagen Sie bitte, dass er mich anrufen soll.

Enthält das Zitat die Begründung für die anschließende Handlung, kann es sich um einen Kausalsatz handeln:

ۋاقتىم يوق دەپ كىنوغا بارمىدىم.	Ich bin nicht ins Kino gegangen, **weil** ich keine Zeit habe.

Hieraus resultiert eine weitere Frageform nach der Ursache für eine Handlung: نېمە دەپ *weshalb, warum*:

نېمە دەپ بۇ يەرگە كەلدىڭلار؟	Weshalb seid ihr hierher gekommen?
بىز ئۇيغۇرچە ئۆگىنەيلى دەپ كەلدۇق.	Wir sind gekommen, weil wir Uighurisch lernen möchten.

6. Das Konverb auf -مەستىن

Das Konverb auf -مەستىن kann funktionsmäßig als Negation des Konverbs auf -(ى)پ angesehen werden. Ein geringfügiger und wenig beachteter Bedeutungsunterschied zum Konverb auf -مەي (vgl. S. 92) besteht darin, dass es strenggenommen mit *ohne zuvor zu* zu übersetzen wäre:

ä, helles i	ö, ü	a, dunkles i	o, u
كەلمەستىن	ئۆتمەستىن	يازماستىن	ئۇچماستىن
كۆرمەستىن	يۈگۈرمەستىن	قاتناشماستىن	ئولتۇرماستىن
ئىشلىمەستىن		ئوينىماستىن	ئوقۇماستىن
دېمەستىن			يۇماستىن

سىڭلىم ناشتا قىلماستىن چىقىپ كەتتى.	Meine Schwester ist weggegangen, ohne gefrühstückt zu haben.

7. Das Konverb auf گەچ-

Dieses Konverb dient der Wiedergabe von Temporal- und Adversativsätzen, die im Deutschen mit *während, als* und in Verbindung mit كەل- *kommen* mit *sobald* beginnen. Haupt- und Nebenhandlung verlaufen parallel:

ä, helles i	ö, ü	a, dunkles i	o, u
كەلگەچ	ئۆتكەچ	يازغاچ	ئۇچقاچ
كۆرسەتكەچ	يۈگۈرگەچ	قاتناشقاچ	ئولتۇرغاچ
ئىشلىگەچ		ئوينىغاچ	ئوقۇغاچ
دېگەچ			يۇغاچ

پاراڭلاشقاچ بىر چىنىدىن چاي ئىچىشەيلى.	Lasst uns jeder eine Schale Tee trinken, während wir uns unterhalten.
ياتىقىمدا بىر پەلتو بار، شۇنى ئالغاچ كەل.	In meinem Zimmer ist ein Mantel; komme, sobald du ihn genommen hast = bringe ihn mit, wenn du kommst.
مېھمانلار ياتاققا كىرگەچ ئورنىمىزدىن تۇردۇق.	Als/während die Gäste das Zimmer betraten, sind wir von unserem Platz aufgestanden.

8. Das Konverb auf گەچكە-

Durch dieses Konverb werden Kausalsätze wiedergegeben:

ä, helles i	ö, ü	a, dunkles i	o, u
كەلگەچكە	ئۆتكەچكە	يازغاچقا	ئۇچقاچقا
كۆرسەتكەچكە	يۈگۈرگەچكە	قاتناشقاچقا	ئولتۇرغاچقا
ئىشلىگەچكە		ئوينىغاچقا	ئوقۇغاچقا
دېگەچكە			يۇغاچقا

بۈگۈن يامغۇر ياغقاچقا ھېچ نەگە بارمىدۇق.	Weil es heute geregnet hat, sind wir nirgends hingegangen.
چۈشتە تاماق يېمىگەچكە قورسىقىم ئېچىپ كەتتى.	Weil ich nicht zu Mittag gegessen habe, bin ich sehr hungrig.

9. Das Konverb auf ‎-گۈچە

ä, helles i	ö, ü	a, dunkles i	o, u
كەلگۈچە كەلمىگۈچە	ئۆتكۈچە ئۆتمىگۈچە	يازغۇچە يازمىغۇچە	ئۇچقۇچە ئۇچمىغۇچە
كۆرسەتكۈچە كۆرسەتمىگۈچە	يۈگۈرگۈچە يۈگۈرمىگۈچە	قاتناشقۇچە قاتناشمىغۇچە	ئولتۇرغۇچە ئولتۇرمىغۇچە
ئىشلىگۈچە ئىشلىمىگۈچە		ئوينىغۇچە ئوينىمىغۇچە	ئوقۇغۇچە ئوقۇمىغۇچە
دېگۈچە دېمىگۈچە			يۇغۇچە يۇمىغۇچە

Das Konverb auf ‎-گۈچە tritt in zwei Bedeutungen auf: einerseits werden Modalsätze wiedergegeben, die im Deutschen mit *statt zu* beginnen:

بۇ ئىسسىقتا تۇرپانغا بارغۇچە ئالتايغا بارساڭ ياخشى ئەمەسمۇ؟	Wäre es nicht besser, wenn du in den Altay fährst, statt bei dieser Hitze nach Turfan zu fahren?

Vor allem aber dient es der Wiedergabe vom Temporalsätzen, die im Deutschen durch *bis* oder auch *bevor* eingeleitet werden:

مەن قايتىپ كەلگۈچە ساقۆاپ تۇرۇڭلار!	Wartet, bis ich zurückkomme.
قىش كەلگۈچە قەشقەرگە باراي دەيمەن.	Ich denke, ich sollte nach Kaschghar fahren, bevor der Winter kommt.

In seiner negierten Form bedeutet es *solange nicht*, *ehe nicht*:

سىلەر ئۆيگە كەلمىگۈچە تاماق يېمەيمىز.	Wir werden nicht essen, ehe ihr nicht nach Hause kommt.
سەن ماڭا ياردەم بەرمىگۈچە مەن بۇ ئىشنى تۈگىتەلمەيمەن.	Solange du mir nicht hilfst, kann ich diese Arbeit nicht zu Ende bringen.

10. Das Konverb auf گەنسېرى-

Mit Hilfe dieses Konverbs werden Modalsätze wiedergegeben, die im Deutschen durch *in dem Maße wie*, *je ... desto* eingeleitet werden. Adjektive werden ergänzt durch قانچە *wie viel* und شۇنچە *so viel*:

ä, helles i	ö, ü	a, dunkles i	o, u
كەلگەنسېرى	ئۆتكەنسېرى	يازغانسېرى	ئۇچقانسېرى
كۆرسەتكەنسېرى	يۈگۈرگەنسېرى	قاتناشقانسېرى	ئولتۇرغانسېرى
ئىشلىگەنسېرى		ئوينىغانسېرى	ئوقۇغانسېرى
دېگەنسېرى			يۇغانسېرى

بۇ روماننى ئوقۇغانسېرى ئوقۇغۇم كېلىدۇ.	Je mehr ich diesen Roman lese, umso mehr bekomme ich Lust, ihn zu lesen.
سىز ئۇيغۇرچە گەپنى قانچە جىق ئاڭلىغانسىرىي، شۇنچە ياخشى چۈشىنىپ كېتىۋاتىسىز.	Je mehr Sie uighurisch sprechen hören, umso besser werden Sie verstehen.

Ein feststehender Begriff ist بارغانسېرى *zusehends*:

هاۋا بارغانسېرى ئىسسىشقا باشلىدى.	Das Wetter hat angefangen, zusehends wärmer zu werden.

11. Das Konverb auf گىلى-

Dieses Konverb dient in erster Linie der Wiedergabe von Finalsätzen, die im Deutschen durch *um zu* eingeleitet werden. Das Prädikat des Satzes ist meist ein Verb der Bewegung:

ä, helles i	ö, ü	a, dunkles i	o, u
كەلگىلى	ئۆتكىلى	يازغىلى	ئۇچقىلى
كۆرسەتكىلى	يۈگۈرگىلى	قاتناشقىلى	ئولتۇرغىلى
ئىشلىگىلى		ئوينىغىلى	ئوقۇغىلى
دېگىلى			يۇغىلى

سۇ ئۈزگىلى بارايلىمۇ؟	Sollen wir schwimmen gehen?
مەن سىلەرگە ياردەم بەرگىلى كەلدىم.	Ich bin gekommen, um euch zu helfen.

Ist das Prädikat des Satzes eine Form des Verbs بول- *werden*, *in Ordnung sein* wird die Möglichkeit bzw. bei Verneinung die Unmöglichkeit einer Handlung wiedergegeben:

بۇنى يېگىلى بولامدۇ؟	Kann man das essen?

Daneben gibt es Temporalsätze wieder, die im Deutschen mit *seit* beginnen. In einem solchen Fall bildet eine Zeitangabe den Hauptsatz:

مەن بۇ يەرگە كەلگىلى ئۈچ ئاي بولدى.	Es sind drei Monate, seit/dass ich hierher gekommen bin.

Lautet das Prädikat تاس قالدى *es hätte nicht viel gefehlt* wird zum Ausdruck gebracht, dass der durch das Konverb wiedergegebene Sachverhalt beinahe eingetreten wäre:

مومام يىقىلغىلى تاس قالدى.	Meine Großmutter wäre fast gestürzt.
مەن كەلمىگىلى تاس قالدىم.	Fast wäre ich nicht gekommen.

Verbindet man گىلى- mit Formen des Verbs قوي- *setzen, legen* entsteht die Bedeutung *zulassen*, *erlauben*:

ياتىقىمدا تاماكا چەككىلى قويمايمەن.	Ich erlaube nicht, dass man in meinem Zimmer raucht.

Um *beginnen* auszudrücken, verbindet sich das Konverb auf گىلى- mit dem Verb باشلا-:

قار ياغقىلى باشلىدى.	Es hat angefangen, zu schneien.

XI. Konjunktionen

Die am häufigsten verwendeten Konjunktionen sind:

ۋە *und*:

بۇلار ئايشەم، دىلنۇر ۋە تۇرسۇن.	Dies sind Ayschäm, Dilnur und Tursun.

Stehen mehrere Substantive im gleichen Kasus, wird nur das letzte von ihnen dekliniert:

مەن خەنزۇچە، رۇسچە ۋە ئۇيغۇرچىنى بىلىمەن.	Ich kann Chinesisch, Russisch und Uighurisch.

بىلەن *mit, und*:
Durch بىلەن *mit* wird eine stärkere Gemeinsamkeit als durch ۋە zum Ausdruck gebracht:

بۇلار ئاتام بىلەن ئاپام.	Dies sind mein Vater und meine Mutter.

ھەم *und auch, und außerdem*:

مەن بازاردىن ئۈزۈم ھەم شاپتۇل ئالدىم.	Ich habe auf dem Markt Trauben und Pfirsiche gekauft.

ھەم ... ھەم, -مۇ ... -مۇ *sowohl ... als auch*:

مەن بازاردىن ھەم ئۈزۈم ھەم شاپتۇل ئالدىم.	Ich habe auf dem Markt sowohl Trauben als auch Pfirsiche gekauft.
مەن خەنزۇچىنىمۇ رۇسچىنىمۇ بىلىمەن.	Ich kann sowohl Chinesisch als auch Russisch.

ياكى *oder*:

كېلەمسىلەر ياكى كەلمەمسىلەر؟	Kommt ihr oder kommt ihr nicht?
مەن ياكى سەن، ئىككىمىزنىڭ بىرى بۈگۈن بازارغا بېرىشىمىز كېرەك.	Ich oder du, einer von uns beiden muss heute zum Markt gehen.

ياكى ... ياكى *entweder ... oder*:

بۈگۈن ياكى سەن بازارغا بار ياكى مەن باراي.	Entweder gehst du heute auf den Markt, oder ich gehe.

لېكىن ,بىراق ,ئەمما *aber*, *sondern*, *jedoch*:

بۈگۈن مەن ئالدىراش، ئەمما ئەتە بىكار بولىمەن.	Heute bin ich beschäftigt, aber morgen bin ich frei.
بۇ ئالمىلار سۇلۇق، بىراق ئانچە تاتلىق ئەمەس.	Diese Äpfel sind saftig, aber nicht besonders süß.
سىزگە تېلېفون بېرىپ باقتىم، لېكىن سىز يوق ئىكەنسىز.	Ich habe versucht, Sie anzurufen, aber Sie waren nicht da.

نه ... نه *weder ... noch*:

مەن نە تۈنۈگۈن ئىشلىيەلمىدىم نە بۈگۈن.	Ich konnte weder gestern noch heute arbeiten.
ئۇ چاغدا نە يېزىش نە ئوقۇشنى بىلمەيتتۇق.	Wir konnten damals weder schreiben noch lesen.

ئەگەر *wenn*:

Das Wort **ئەگەر** ist persischen Ursprungs und kann an den Beginn von Konditionalsätzen gestellt werden, um gleich zu Beginn des Satzes deutlich zu machen, dass ein Konditionalsatz folgt:

ئەگەر كەلمەكچى بولساڭ سېنى ساقلايمەن.	Wenn du die Absicht hast zu kommen, werde ich auf dich warten.

XII. Partikeln

Allen Partikeln ist gemeinsam, dass sie direkt hinter dem Wort stehen, auf das sie sich beziehen, und gleichzeitig die Betonung auf die jeweils letzte Silbe des unmittelbar vorausgehenden Wortes ziehen.

Die Partikel چۇ- kann als eine Art Fragepartikel im Sinne von *wie steht es mit* an jeden Satzteil angefügt werden:

ياخشىمۇسىز؟ ياخشى، رەھمەت، سىزچۇ؟ يامان ئەمەس، رەھمەت.	Geht es Ihnen gut? Gut, danke, und Ihnen? Nicht übel, danke.
مېنىڭ ئىسمىم تۇرسۇن، سىزنىڭكىچۇ؟	Mein Name ist Tursun, und der Ihrige?

Des Weiteren verleiht es Aufforderungen einen gewissen Nachdruck:

لۇغەتنى بەرگىنچۇ!	Sei so gut und gib das Wörterbuch schon her!
كۆرۈپ باقايچۇ!	Lasst mich einmal schauen!
ئەمدى ئۇخلايلىچۇ!	Jetzt lasst uns aber schlafen!
بىزگە ياردەم بەرسەڭلارچۇ!	Wenn ihr uns doch nur helfen würdet!

Die Partikel غۇ- entspricht dem Deutschen *ja*, *doch* und kann an alle finiten Verbformen angefügt werden. Sie wird eingesetzt, um im Falle einer gewissen Unsicherheit Zuversicht auszudrücken:

كۆرۈنمەيسىلەرغۇ!	Ihr lasst euch ja gar nicht blicken!
مانا كەلدۇققۇ!	Sieh her, wir sind doch gekommen!

باتۇر بارمۇ؟	Ist Batur da?
بارغۇ (دەيمەن).	Er ist schon da (würde ich sagen).

Die Endung دۇر- ist ein Relikt des Verbs تۇر- *(auf)stehen*, *leben* und als دۇ-, تۇ-, دى-, تى- oder auch nur ت- in zahlreichen Formen des Vollverbs erhalten geblieben (vgl. S. 50, 71 ff., 89). Als دۇر- dient sie der Bekräftigung einer Aussage:

سىز ئوقۇتقۇچىدۇرسىز.	Sie sind doch sicher Lehrer.
بۇ خەتنى ئاينۇر يازغاندۇ(ر).	Diesen Brief hat doch wohl Aynur geschrieben.

Die Partikel مۇ- dient nicht nur als Fragepartikel (vgl. S. 31), sondern auch als Entsprechung der deutschen Konjunktion *auch*:

كىنوخانىغا بارساڭلار مەنمۇ بارىمەن/باراي.	Wenn ihr ins Kino geht, gehe ich auch.

Hinter eine konditionale Verbform gestellt, dient es zur Bildung von Konzessivsätzen:

كۈز بولسىمۇ هاۋا ئىسسىق.	Wenn es auch Herbst ist, so ist das Wetter doch warm.

Die Partikel لا- dient der Auflockerung eines Satzes, indem sie eine Aussage modifiziert, sie verstärkt, einschränkt oder näher erläutert. Ihre deutschen Entsprechungen sind *denn*, *eben*, *erst*, *gerade*, *gleich*, *nur*, *schon*:

چۈشلۈك تاماقنى ئەمدىلا يەپ بولدۇم.	Ich habe gerade eben erst (fertig) zu Mittag gegessen.
بىز بۇرۇنلا تونۇشقان.	Wir sind schon von früher miteinander bekannt.
هازىرلا كەلسەم بولامدۇ؟	Ist es in Ordnung, wenn ich jetzt gleich komme?
بىز قاسىمنىلا كۆردۇق.	Wir haben nur Kasim gesehen.

XIII. Wortbildung

Das Uighurische besitzt eine große Anzahl von Suffixen zur Bildung von Nomina und erweiterten Verbstämmen auf der Basis bereits existierender Nomina und Verbstämme. Dabei kann es vielfach zu Suffixhäufungen kommen, denn gerade im Bereich der Wortbildung zeigt sich die Vorliebe für den geradezu spielerischen Umgang mit Suffixen, der alle Turksprachen auszeichnet. Alle Wortbildungselemente im Einzelnen aufzuführen, würde den Rahmen des vorliegenden Buches sprengen. Es soll daher nur eine repräsentative Auswahl vorgestellt werden.

1. Substantive auf خانا-

Dieses Suffix ist ursprünglich ein aus dem Persischen stammendes selbständiges Wort für *Haus*, *Herberge*. Im Uighurischen dient es als Suffix zur Bezeichnung bestimmter Räumlichkeiten oder Gebäude:

ئىش	Arbeit	ئىشخانا	Büro
ئاش	Speise	ئاشخانا	Speiseraum, Lokal
مېھمان	Gast	مېھمانخانا	Gästezimmer, Hotel
كىنو	Film	كىنوخانا	Kino
دورا	Medikament	دورىخانا	Apotheke
دوختۇر	Arzt	دوختۇرخانا	Krankenhaus

2. Substantive auf داش-

Ein Wort mit diesem Suffix bezeichnet eine Person, die mit einer anderen die betreffende Sache gemeinsam hat:

كەسىپ	Beruf	كەسىپداش	Berufskollege
ساۋاق	Klasse, Unterricht	ساۋاقداش	Klassenkamerad
ياتاق	Zimmer	ياتاقداش	Mitbewohner
يول	Weg	يولداش	Weggefährte

3. Substantive auf چى-

Das Suffix چى- wird an Substantive angefügt; das so entstehende Wort bezeichnet eine Person, die sich berufs- oder gewohnheitsmäßig mit dem durch das Substantiv bezeichneten Begriff beschäftigt. Solche Bildungen sind auch dann möglich, wenn das zugrundeliegende Substantiv selbst bereits mittels Suffix entstanden ist:

گىلەم	Teppich	گىلەمچى	Teppichweber
تۆمۈر	Eisen	تۆمۈرچى	Schmied
ئىش	Arbeit	ئىشچى	Arbeiter
رېمونت	Reparatur	رېمونتچى	Mechaniker

چۈشەندۈر-	erklären	چۈشەندۈرگۈچى	(Museums-)Führer
ياز-	schreiben	يازغۇچى	Schriftsteller
ئوقۇ-	lesen, studieren	ئوقۇغۇچى	Schüler
ئۇچ-	fliegen	ئۇچقۇچى	Pilot

4. Substantive auf چە-

Das Suffix چە- wird an Substantive angefügt und bildet Diminutive:

دەپتەر	Heft	دەپتەرچە	Heftchen
شەھەر	Stadt	شەھەرچە	Städtchen
باغ	Garten	باغچە	(kleiner) Garten
كىتاب	Buch	كىتابچە	Büchlein

5a. Substantive auf لىك-

Mit Hilfe des Suffixes لىك- werden in erster Linie Abstrakta gebildet:

كېسەل	krank	كېسەللىك	Krankheit
تەييار	bereit	تەييارلىق	Vorbereitung
تىنچ	ruhig	تىنچلىق	Ruhe
دوست	Freund	دوستلۇق	Freundschaft

Durch Anfügen an Berufsbezeichnungen wird die Ausübung des betreffenden Berufs bezeichnet:

گىلەمچى	Teppichweber	گىلەمچىلىك	Teppichweberei
تۆمۈرچى	Schmied	تۆمۈرچىلىك	Schmiedehandwerk
بېلىقچى	Fischer	بېلىقچىلىق	Fischerei
ئوقۇتقۇچى	Lehrer	ئوقۇتقۇچىلىق	Lehrerberuf

Fügt man لىك- an einen Zeitbegriff an, gibt man damit den entsprechenden zeitlichen Rahmen wieder; daneben dient dieses Suffix auch zur Bezeichnung eines räumlichen Gebietes sowie vereinzelt zur Bildung von Begriffen des täglichen Gebrauchs:

ئۈچ كۈنلۈككە ئۈرۈمچىگە بارماقچىمىز.	Wir wollen für drei Tage nach Ürümtschi fahren.

دەرەخ	Baum	دەرەخلىك	Baumgebiet
گۈل	Blume	گۈللۈك	Blumengarten
تاغ	Berg	تاغلىق	Berggebiet
قوغۇن	Honigmelone	قوغۇنلۇق	Melonenfeld

كىم	wer	كىملىك	Personalausweis
كۈن	Tag, Sonne	كۈنلۈك	Sonnenschirm
يامغۇر	Regen	يامغۇرلۇق	Regenmantel
تۇز	Salz	تۇزلۇق	Salzstreuer

5b. Adjektive auf لىك-

Das Suffix لىك- dient auch dazu, aus Substantiven die dazugehörigen Adjektive zu bilden:

تەم	Geschmack	تەملىك	schmackhaft
كۈچ	Kraft	كۈچلۈك	kräftig, stark
پايدا	Nutzen	پايدىلىق	nützlich
تۇز	Salz	تۇزلۇق	salzig

Fügt man es an Ortsnamen an, bringt man die Abstammung von bzw. die Verbundenheit mit diesem Ort zum Ausdruck:

چەتئەل	Ausland	چەتئەللىك	ausländisch
ئاسىيا	Asien	ئاسىيالىق	asiatisch
خوتەن	Khotan	خوتەنلىك	aus Khotan
شەھەر	Stadt	شەھەرلىك	städtisch

6. Adjektive auf سىز-

Dieses Suffix, das seinen Vokal nicht verändert, ist die negative Entsprechung des Suffixes لىك-. Es entspricht sowohl der deutschen Präposition *ohne* wie auch der Anfangssilbe *un-* und der Endung *-los*:

تەم	Geschmack	تەمسىز	ohne Geschmack
كۈچ	Kraft	كۈچسىز	kraftlos
پايدا	Nutzen	پايدىسىز	unnütz, nutzlos
تۇز	Salz	تۇزسىز	salzlos

7. Das Zugehörigkeitssuffix كى-

An den Genitiv angefügt entstehen durch dieses Suffix substantivierte Possessive:

بۇ كىتاب ئوغلۇمنىڭكى.	Dieses Buch ist dasjenige meines Sohnes.
بۇ ئۆي بىزنىڭكى.	Dieses Haus ist das unsrige.

Fügt man كى- an den Lokativ, entstehen Adjektive, die das Vorhandensein an einem Ort zum Ausdruck bringen:

بۇ سىنىپتىكى ئوقۇغۇچىلار نېمىس تىلىنى ئوقۇيدۇ.	Die Schüler in dieser Klasse studieren die deutsche Sprache.
سىزدىكى ئاچقۇچ مېنىڭ/مېنىڭكى.	Der Schlüssel, den Sie (bei sich) haben, gehört mir/ist meiner.

Schließlich tritt كى- an einige Adverbien unmittelbar an und bildet aus ihnen Adjektive:

تۈنۈگۈن	gestern	تۈنۈگۈنكى	gestrige(r)
بۈگۈن	heute	بۈگۈنكى	heutige(r)
ھازىر	jetzt	ھازىرقى	jetzige(r)
بۇرۇن	früher, vorher	بۇرۇنقى	vorherige(r)
كېيىن	später, nachher	كېيىنكى	nächste(r)
ئاخىر	letztlich	ئاخىرقى	letzte(r)

8. Substantive auf گۈ-

Fügt man an einen Verbstamm die Suffixe گۈ- oder غۇ-, erhält man ein Substantiv, das im Zusammenhang mit بار *(es ist) vorhanden*, يوق *(es ist) nicht vorhanden* oder Formen des Verbs كەل- *kommen* dazu dient, einem inneren Bedürfnis Ausdruck zu geben:

ä, helles i	ö, ü	a, dunkles i	o, u
كەلگۈ	ئۆتكۈ	يازغۇ	ئۇچقۇ
كۆرسەتكۈ	يۈگۈرگۈ	قاتناشقۇ	ئولتۇرغۇ
ئىشلىگۈ		ئوينىغۇ	ئوقۇغۇ
دېگۈ			يۇغۇ

سوغۇق بىر نەرسە ئىچكۈم كېلىۋاتىدۇ.	Ich bekomme Lust, etwas Kaltes zu trinken.
بۇ كىتابنى ئوقۇغۇم كەلدى.	Ich habe Lust bekommen, dieses Buch zu lesen.
كىنوخانىغا بارغۇم بار.	Ich habe Lust, ins Kino zu gehen.
بۈگۈن ئىشلىگۈم يوق.	Ich habe keine Lust, heute zu arbeiten.

9. Das Äquativsuffix دەك-

Dieses Suffix entspricht in seiner Anwendung der deutschen Präposition (*genau*) *wie*:

بۇ قوغۇنلار شېكەردەك تاتلىق ئىكەن.	Diese Honigmelonen sind zuckersüß.

An Verbalnomina angefügt dient es der Wiedergabe von Komparativsätzen, wobei *wie* auch zu *wie wenn*, *als ob* in irrealen Vergleichssätzen werden kann:

كۈتكىنىمىزدەك بولدى.	Es ist geschehen, wie wir es erwartet hatten.
كۈن چىقىدىغاندەك تۇرىدۇ.	Die Sonne ist wie jemand, der herauskommen wird = es sieht so aus, als wollte die Sonne herauskommen.
سائىتىم بۇزۇلغاندەك قىلىدۇ.	Meine Uhr macht wie eine, die kaputtgegangen ist = meine Uhr scheint kaputtgegangen zu sein.
سەن ھېچ نەرسە يېمەپتۇدەكسەن.	Du bist wie jemand, der nichts gegessen hat = du scheinst nichts gegessen zu haben.
بۇ ئادەم گېپىمىزنى چۈشەنمەيۋاتقاندەك قىلىدۇ.	Dieser Mann tut wie jemand, der unsere Rede nicht versteht = dieser Mann tut, als ob er unsere Rede nicht verstünde.

Fügt man دەك- an das Verbalnomen auf گۈ- an, entsteht ein Partizip mit der Bedeutung *möglich*, *wünschenswert* oder *lohnend*:

ئىچكۈدەك نەرسە بارمۇ؟	Gibt es etwas Trinkbares = gibt es etwas zu trinken?
كۆرگۈدەك كىنو بارمۇ؟	Gibt es einen Film, den es sich anzusehen lohnt?

10. Das Äquativsuffix -چە

Dieses Suffix entspricht den deutschen Präpositionen *(nach Art) wie*, *(so viel) wie*, *(in dem Maße) wie*, *gemäß*, *entsprechend*. Es dient zum Ausdruck der Qualität einer Person oder Sache wie auch der Wiedergabe einer geschätzten Menge. Personalpronomina stehen in diesem Zusammenhang im Genitiv:

سىزنىڭچە بۈگۈن يامغۇر ياغارمۇ؟	Wird es nach Ihrer Ansicht wohl heute regnen?
تويغا يۈزلەرچە ئادەم كەلدى.	Zur Hochzeit sind ungefähr hundert/ hunderte Leute gekommen.
ئاڭلىشىمچە مېھمانلىرىڭىز تۈنۈگۈن كېلىپتىمىش.	Wie ich höre, sollen Ihre Gäste gestern gekommen sein.
ئىچەلىگىنىڭچە ئىچ!	Trinke so viel du trinken kannst!
بىز يۈگۈرگەنچە ئۆيگە قايتىپ كەلدۇق.	Wir sind laufend nach Hause zurückgekehrt = wir sind nach Hause zurückgerannt.

Bei Vergleichen wird -چە gewöhnlich um das Suffix -لىك erweitert:

مەن ئۇيغۇرچىنى ئاكامچىلىك ياخشى سۆزلىيەلمەيمەن.	Ich kann nicht so gut Uighurisch sprechen wie mein älterer Bruder.

Durch Anfügung an Nationalitätsbezeichnungen entstehen die dazugehörigen Sprachbezeichnungen:

ئۇيغۇر	Uighure, Uighurin	ئۇيغۇرچە	auf Uighurisch
نېمىس	Deutsche(r)	نېمىسچە	auf Deutsch
خەنزۇ	Chinese, Chinesin	خەنزۇچە	auf Chinesisch
رۇس	Russe, Russin	رۇسچە	auf Russisch

An den Dativ angefügt drückt es räumlich und zeitlich *bis* aus:

سائەت ئىككىدىن ئۈچكىچە ئىشلىدىم.	Ich habe von zwei bis drei Uhr gearbeitet.

11. Verbstämme auf له-

Durch Anfügung des Suffixes له- an Substantive und Adjektive entstehen Verbstämme:

ئىش	Arbeit	ئىشله-	arbeiten
سۆز	Wort	سۆزله-	sprechen
باش	Kopf, Anfang	باشلا-	anfangen
يوق	nicht anwesend	يوقلا-	vorbeischauen

12. Reflexive Verbstämme

Das Suffix zur Bildung reflexiv erweiterter Verbstämme lautet (ى)ن-. Zu dieser Gruppe zählen auch eigenständige Verben mit der reflexiven Form von له-:

كىي-	anziehen	كىيىن-	sich anziehen
كۆر-	sehen	كۆرۈن -	sich zeigen
تارا-	kämmen	تاران -	sich kämmen
يۇ-	waschen	يۇيۇن -	sich waschen

ئادەت	Brauch	ئادەتلەن-	sich angewöhnen
ئۆي	Haus	ئۆيلەن-	sich verheiraten (m.)
هاياجان	Aufregung	هاياجانلان-	sich aufregen
قول	Hand	قوللان-	handhaben, benutzen

13. Reziproke Verbstämme

Das Suffix zur Bildung reziprok erweiterter Verbstämme lautet (ى)ش-. Hierzu zählen auch Verben mit der reziproken Form von له-:

چۈشەن -	verstehen	چۈشىنىش-	sich verstehen
كۆر-	sehen	كۆرۈش -	sich sehen
ئۇچرا-	treffen	ئۇچراش -	sich treffen
تونۇ-	kennen	تونۇش -	sich kennen

ياردەم	Hilfe	ياردەملەش -	einander helfen
سالام	Gruß	سالاملاش-	einander grüßen
قۇچاق	Schoß, Arme	قۇچاقلاش-	sich umarmen
ئورۇن	Platz	ئورۇنلاش-	sich niederlassen

Neben seiner reziproken hat dieses Suffix auch kooperative Bedeutung:

سۆزله-	sprechen	سۆزلەش-	sich unterhalten
كۈل-	lachen	كۈلۈش-	miteinander lachen
ياز-	schreiben	يېزىش-	gemeinsam schreiben
ئولتۇر-	sitzen	ئولتۇرۇش-	beisammensitzen

14. Kausative Verbstämme

Das Uighurische kennt mehrere Kausativsuffixe; es lassen sich nur annäherungsweise Regeln dafür aufstellen, welches Suffix an einen bestimmten Verbstamm anzuschließen ist.

Die Suffixe گۈز- bzw. غۇز- folgen auf einsilbige Verbstämme, die auf die Konsonanten ت oder ر enden:

كىر-	eintreten	كىرگۈز-	eintreten lassen
ئۆت-	vorbeigehen	ئۆتكۈز-	vorbeigehen lassen
بار-	gehen	بارغۇز-	gehen lassen
تۇر-	(auf)stehen	تۇرغۇز-	(auf)stehen lassen

Die Suffixe دۈر- oder دۇر- folgen auf einsilbige Verbstämme sowie auf diejenigen konsonantisch auslautenden mehrsilbigen Verbstämme, die nicht auf ل oder ر enden:

بىل-	wissen	بىلدۈر-	wissen lassen
پۈت -	enden	پۈتتۈر-	beenden
ياز-	schreiben	يازدۇر-	schreiben lassen
ئۇق-	verstehen	ئۇقتۇر-	informieren

چۈشەن-	verstehen	چۈشەندۈر-	erklären
زېرىك-	sich langweilen	زېرىكتۈر-	langweilen
قاتناش-	teilnehmen	قاتناشتۇر-	teilnehmen lassen
تونۇش-	sich kennen	تونۇشتۇر-	bekannt machen

Bei einsilbigen Verbstämmen auf چ, ش und ت ist der Anfangskonsonant des Kausativsuffixes entfallen:

ئىچ-	trinken	ئىچۈر-	zu trinken geben
چۈش-	fallen	چۈشۈر-	fallen lassen
قايت-	zurückkehren	قايتۇر-	zurückgeben
ئۇچ-	fliegen	ئۇچۇر-	fliegen lassen

Demgegenüber folgt das Kausativsuffix -ت auf mehrsilbige Verbstämme, die auf die Konsonanten ر, ي oder auf Vokal enden. Zu dieser Gruppe gehören auch Verben mit der kausativen Form von -له:

ئۆزگەر-	sich ändern	ئۆزگەرت-	verändern
چوڭاي-	größer werden	چوڭايت-	vergrößern
قاينا-	sprudeln, kochen	قاينات-	zum Kochen bringen
ئوقۇ-	lesen, studieren	ئوقۇت-	unterrichten, lehren

ئىشلە-	arbeiten	ئىشلەت-	in Betrieb nehmen
ساقلا-	warten	ساقلات-	warten lassen
توڭلا-	gefrieren	توڭلات-	einfrieren
ئۇخلا-	schlafen	ئۇخلات-	schlafen lassen

15. Das Passiv

Für die meisten Verben, deren Verbstamm auf einen Konsonanten endet, sowie Verbstämme auf Vokal, ausgenommen diejenigen auf لە-, lautet das Passivsuffix (ى)ل-:

بەر-	geben	بېرىل-	gegeben werden
كۆر-	sehen	كۆرۈل-	gesehen werden
ياز-	schreiben	يېزىل-	geschrieben werden
تۇغ-	gebären	تۇغۇل-	geboren werden

ياسا-	herstellen	ياسال-	hergestellt werden
ئوقۇ-	lesen	ئوقۇل-	gelesen werden

Endet der Verbstamm auf ل, lautet das Passivsuffix ىن-:

بىل-	wissen	بىلىن-	gewusst werden
بۆل-	teilen	بۆلۈن-	geteilt werden
سال-	bauen	سېلىن-	gebaut werden
يۇل-	ausreißen, entwurzeln	يۇلۇن-	ausgerissen werden

Verbstämme auf لە- erhalten als Passivsuffix lediglich ein ن-:

ئىشلە-	arbeiten	ئىشلەن-	gearbeitet werden
سۆزلە-	sprechen	سۆزلەن-	gesprochen werden
باشلا-	anfangen, beginnen	باشلان-	begonnen werden
ساقلا-	warten	ساقلان-	erwartet werden

Die deutsche Präposition *von, seitens* wird in diesem Zusammenhang durch das Substantiv تەرەپ *Seite*, ergänzt um Possessiv- und Ablativsuffix, wiedergegeben. Dabei entfällt bei der 3. Person das Genitivsuffix:

بۇ بىنا ھۆكۈمەت تەرىپىدىن سېلىنغان.	Dieses Gebäude wurde seitens der Regierung errichtet.

XIV. Wortfolge

In Sätzen mit بار und يوق wird berichtet, dass etwas vorhanden bzw. nicht vorhanden ist. Entsprechend werden vor der Nennung des Subjekts der zeitliche und räumliche Rahmen angegeben. Das Prädikat steht im Uighurischen am Satzende:

بۈگۈن ئاخشام سائەت سەككىزدە مەكتىپىمىزدە يىغىن بار.	Heute Abend um acht Uhr findet in unserer Schule eine Versammlung statt.

In allen übrigen Sätzen steht das Subjekt des Satzes, sofern es sich um eine 3. Person handelt, am Satzanfang; erst danach folgen Zeitangabe, Objekte und Prädikat. Attribute stehen dabei stets undekliniert vor dem dazugehörigen Substantiv:

قوشنىمىز تۈنۈگۈن يېڭى ماشىنىسى بىلەن شەھەرگە باردى.	Unser Nachbar ist gestern mit seinem neuen Auto in die Stadt gefahren.

Ist das Subjekt des Satzes eine 1. oder 2. Person, ist sie Teil des Prädikats und steht damit am Ende des Satzes:

تۈنۈگۈن يېڭى ماشىنىمىز بىلەن شەھەرگە باردۇق.	Wir sind gestern mit unserem neuen Auto in die Stadt gefahren.

Ein wesentliches Charakteristikum des Uighurischen ist die Tatsache, dass es – abgesehen von Konditionalsätzen – keine Nebensätze bildet. Einerseits verwendet es Partizipien, die attributiv vor das entsprechende Substantiv gestellt werden; auf der anderen Seite drückt es Nebenhandlungen durch Konverbien aus. Derjenige Teil, der im Deutschen dem Hauptsatz entspricht, steht im Uighurischen am Ende des Satzes. Bei der Übersetzung ins Deutsche empfiehlt es sich daher, zuerst den Satzteil nach einem Partizip oder Konverb als Hauptsatz zu übersetzen und anschließend den davorliegenden Teil einschließlich dem Partizip bzw. Konverb durch einen Nebensatz aufzulösen:

خوتەنگە بارىدىغان ئاپتوبۇس سائەت ئىككىدە يولغا چىقىدۇ.	Der Bus, der nach Khotan fährt, fährt um zwei Uhr ab.
پاراڭلاشقاچ بىر چىنىدىن چاي ئىچىشەيلى.	Lasst uns jeder eine Schale Tee trinken, während wir uns unterhalten.

Wie entscheidend die Wortfolge für das Verständnis eines Satzes ist, sollen die folgenden Beispiele veranschaulichen:

ئوقۇغۇچى كىتاب ئوقۇغان	der Schüler hat ein Buch gelesen
كىتاب ئوقۇغان ئوقۇغۇچى	der Schüler, der ein Buch gelesen hat
ئوقۇغۇچى ئوقۇغان كىتاب	das Buch, das der Schüler gelesen hat

Anhang

Übersichten über die uighurischen Suffixe

Suffixe, die der kleinen Vokalharmonie folgen (vgl. S. 3):	
-ە، -ي	Konverb sowie Themasuffix Präsens-Futur (S. 51, 91)
-(ە)ر	Verbalnomen unbestimmtes Futur (S. 54, 82)
-(ە)ي	Optativ 1. Person Singular (S. 70)
-(ە)يلى	Optativ 1. Person Plural (S. 70)
-رەك	Steigerung Adjektiv (S. 21)
-دە	Lokativ (S. 16)
-سە	Konditional 3. Person (S. 75)
-سەك	Konditional 1. Person Plural (S. 75)
-سەم	Konditional 1. Person Singular (S. 75)
-سەڭ	Konditional 2. Person Singular (S. 75)
-سەڭلا	Konditional 2. Person Plural (S. 75)
-گە	Dativ (S. 14)
-گەچ	Konverb (S. 100)
-گەچكە	Konverb (S. 100)
-گەن	Verbalnomen sowie Themasuffix Perfekt (S. 64, 83)
-گەنسېرى	Konverb (S. 102)
-لە	Verbbildung (S. 125)
-لەر	Plural (S. 10)
-مە	Negation beim Vollverb (S. 49)
-مەس	Verbalnomen negiertes unbestimmtes Futur (S. 54, 82)
-مەستىن	negiertes Konverb (S. 99)
-مەسلىك	negiertes Verbalnomen (S. 82)
-مەك	Infinitiv (S. 49)
-مەكتىچى	Themasuffix Absicht (S. 56)
-مەكتە	Themasuffix Präsens (S. 60)
-مەي	negiertes Konverb (S. 92)

Suffixe, die der großen Vokalharmonie folgen (vgl. S. 4):	
(د)پ-	Konverb und Themasuffix unbestimmtes Perfekt (S. 66, 93)
(د)لڭ-	Possessiv 2. Person Singular (S. 11)
(د)لڭ-	Imperativ 2. Person Singular formell (S. 68)
(د)ش-	Verbalnomen (S. 79)
(د)ش-	Reziprok- und Kollektivsuffix (S. 115)
(د)ل-	Passiv (S. 118)
(د)ڭلار-	Possessiv 2. Person Plural (S. 11)
(د)ڭلار-	Imperativ 2. Person Plural (S. 68)
(د)م-	Possessiv 1. Person Singular (S. 11)
(د)ن-	Reflexiv (S. 115)
(د)ۋاتا-	Themasuffix Präsens (S. 58)
(د)ۋاتقان-	Verbalnomen Präsens (S. 90)
دىم-	Personalendung Perfekt 1. Person Singular (S. 62)
دىڭ-	Personalendung Perfekt 2. Person Singular (S. 62)
دىڭلار-	Personalendung Perfekt 2. Person Plural (S. 62)
لىك-	Substantiv- und Adjektivbildung (S. 109 ff.)

Suffixe, die nur den Vokal وُ enthalten (vgl. S. 4):	
چوُ-	Partikel (S. 106)
دوُ-	Personalendung Präsens 3. Person Singular (S. 51)
دوُق-	Personalendung Perfekt 1. Person Plural (S. 62)
سوُن-	Imperativ 3. Person (S. 69)
غوُ-	Partikel (S. 106)
موُ-	Partikel (S. 31, 107)

Suffixe, die alternativ die Vokale وٰ oder وُ enthalten (vgl. S. 4):	
دوٰر-	Kausativ (S. 116)
گوٰ-	Substantivbildung (S. 112)
گوٰچی-	Substantivbildung (S. 109)
گوٰچه-	Konverb (S. 101)
گوٰز-	Kausativ (S. 116)
وٰر-	Kausativ (S. 117)

Suffixe, die nur den Vokal ى enthalten (vgl. S. 4):	
-(ى)ڭىز	Possessiv 2. Person Singular formell (S. 11)
-(ى)مىز	Possessiv 1. Person Plural (S. 11)
-(س)ى	Possessiv 3. Person Singular (S. 11)
-چى	Substantivbildung (S. 109)
-دى	Personalendung Perfekt 3. Person (S. 62)
-دىن	Ablativ (S. 17)
-دىڭىز	Personalendung Perfekt 2. Pers. Sg. formell (S. 62)
-سىز	Personalendung Präsens 2. Pers. Sg. formell (S. 42)
-سىز	Adjektivbildung (S. 111)
-سىلەر	Personalendung Präsens 2. Person Plural (S. 42)
-سىڭىز	Konditional 2. Pers. Sg. formell (S. 75)
-كى	Zugehörigkeitssuffix (S. 111)
-گىلى	Konverb (S. 102)
-گىن	Imperativ 2. Person Singular (S. 68)
-مىز	Personalendung Präsens 1. Person Plural (S. 42)
-نى	Akkusativ (S. 15)
-نىڭ	Genitiv (S. 13)
-ىنچى	Ordinalzahlen (S. 33)

Suffixe, die nur den Vokal ە enthalten (vgl. S. 4):	
-(ە)يلەن	Kollektivzahlen (S. 33)
-چە	Substantivbildung und Äquativ (S. 109, 114)
-دەك	Äquativ (S. 113)
-سەن	Personalendung Präsens 2. Person Singular (S. 42)
-مەن	Personalendung Präsens 1. Person Singular (S. 42)

Suffixe, deren Anfangskonsonant entstimmt wird, wenn die vorausgehende Silbe auf einen stimmlosen Konsonanten endet (vgl. S. 6):	
-دى	Personalendung Perfekt 3. Person (S. 62)
-دىم	Personalendung Perfekt 1. Person Singular (S. 62)
-دىن	Ablativ (S. 17)
-دىڭ	Personalendung Perfekt 2. Person Singular (S. 62)
-دىڭلار	Personalendung Perfekt 2. Person Plural (S. 62)
-دىڭىز	Personalendung Perfekt 2. Pers. Sg. formell (S. 62)
-دۇ	Personalendung Präsens 3. Person Singular (S. 51)
-دۇق	Personalendung Perfekt 1. Person Plural (S. 62)
-دۈر	Kausativ (S. 116)
-دە	Lokativ (S. 16)
-دەك	Äquativ (S. 115)
-غۇ	Partikel (S. 106)
-گىلى	Konverb (S. 102)
-گىن	Imperativ 2. Person Singular (S. 68)
-گۈ	Substantivbildung (S. 112)
-گۈچى	Substantivbildung (S. 109)
-گۈچە	Konverb (S. 101)
-گۈز	Kausativ (S. 116)
-گە	Dativ (S. 14)
-گەچ	Konverb (S. 100)
-گەچكە	Konverb (S. 100)
-گەن	Verbalnomen sowie Perfekt (S. 64, 83)
-گەنسېرى	Konverb (S. 102)

Beispiele regressiver Vokalassimilation

1. Fälle von „umlauting“, d.h. Veränderung von ە und ا einsilbiger Nomina und Verbstämme in ې:

a) einsilbige Nomina auf Konsonant:

خەت Brief	چاچ Haar	
خېتىم	چېچىم	Possessivsuffixe (S. 11)
خېتىڭ	چېچىڭ	
خېتىڭىز	چېچىڭىز	
خېتى	چېچى	
خېتىمىز	چېچىمىز	
خېتىڭلار	چېچىڭلار	

b) einsilbige Verbstämme auf Konsonant:

بەر- geben	ياز- schreiben	
بېرىدۇ	---	Präsens-Futur (S. 51)
بېرەر	---	unbestimmtes Futur (S. 54)
بېرىۋاتىدۇ	يېزىۋاتىدۇ	Präsens (S. 58)
بېرىپتۇ	يېزىپتۇ	unbestimmtes Perfekt (S. 66)
بېرىڭ	يېزىڭ	Imperativ 2. Person formell (S. 68)
بېرەي	---	Optativ (S. 70)
بېرىش	يېزىش	Verbalnomen auf -(ى)ش (S. 79)
بېرىدىغان	---	Verbalnomen auf -(ى)دىغان (S. 89)
بېرىۋاتقان	يېزىۋاتقان	Verbalnomen auf -(ى)ۋاتقان (S. 90)
بېرە	---	Konverb auf -ە (S. 91)
بېرەلەيدۇ	---	können (S. 92)
بېرىپ	يېزىپ	Konverb auf -(ى)پ (S. 93)
بېرىن-	يېزىن-	Reflexiv (S. 115)
بېرىش-	يېزىش-	Reziprok (S. 115)
بېرىل-	يېزىل-	Passiv (S. 118)

c) einsilbige Verbstämme auf Vokal:

-دە	sagen	---		
دېمەك				Infinitiv (S. 49)
دېمە-				verneinter Verbstamm (S. 49)
دېدى				einfaches Perfekt (S. 62)
دېگىن				Imperativ 2. Person -گىن (S. 68)
دېسۇن				Imperativ 3. Person (S. 69)
دېسە				Konditional (S. 75)
دېيىش				Verbalnomen auf -(ى)ش (S. 79)
دېگەن				Verbalnomen auf -گەن (S. 83)
دېيەلەيدۇ				können (S. 92)
دېگەچ				Konverb auf -گەچ (S. 100)
دېگەچكە				Konverb auf -گەچكە (S. 100)
دېگۈچە				Konverb auf -گۈچە (S. 101)
دېگەنسېرى				Konverb auf -گەنسېرى (S. 102)
دېگىلى				Konverb auf -گىلى (S. 102)
دېگۈ				Verbalsubstantiv auf -گۈ (S. 112)

2. Fälle von „Vowel raising“, d.h. Veränderung von ە und ا in nicht-ersten Silben in ى:

a) mehrsilbige Nomina auf Konsonant:

دەپتەر	Heft	ياتاق	Zimmer	
دەپتىرىم		ياتىقىم		Possessivsuffixe (S. 11)
دەپتىرىڭ		ياتىقىڭ		
دەپتىرىڭىز		ياتىقىڭىز		
دەپتىرى		ياتىقى		
دەپتىرىمىز		ياتىقىمىز		
دەپتىرىڭلار		ياتىقىڭلار		

Zu dieser Gruppe zählen auch die Verbalnomina auf -ش (S. 79) und -گەن (S. 83) sowie alle Pluralformen.

b) mehrsilbige Verbstämme auf Konsonant:

ئۆگەن- zeigen	قاتناش- teilnehmen	
كۆرسىتىدۇ	قاتنىشىدۇ	Präsens-Futur (S. 51)
كۆرسىتەر	قاتنىشار	unbestimmtes Futur (S. 54)
كۆرسىتىۋاتىدۇ	قاتنىشىۋاتىدۇ	Präsens (S. 58)
كۆرسىتىپتۇ	قاتنىشىپتۇ	unbestimmtes Perfekt (S. 66)
كۆرسىتىڭ	قاتنىشىڭ	Imperativ 2. Person formell (S. 68)
كۆرسىتەي	قاتنىشاي	Optativ (S. 70)
كۆرسىتىش	قاتنىشىش	Verbalnomen auf (ى)ش- (S. 79)
كۆرسىتىدىغان	قاتنىشىدىغان	Verbalnomen auf (ى)دىغان- (S. 89)
كۆرسىتىۋاتقان	قاتنىشىۋاتقان	Verbalnomen auf (ى)ۋاتقان- (S. 90)
كۆرسىتە	قاتنىشا	Konverb auf ە- (S. 91)
كۆرسىتەلەيدۇ	قاتنىشالايدۇ	können (S. 92)
كۆرسىتىپ	قاتنىشىپ	Konverb auf (ى)پ- (S. 93)
كۆرسىتىن-	قاتنىشىن-	Reflexiv (S. 115)
كۆرسىتىش-	قاتنىشىش-	Reziprok (S. 115)
كۆرسىتىل-	قاتنىشىل-	Passiv (S. 118)

c) mehrsilbige Substantive, Adjektive, Pronomina und Zahlwörter auf Vokal:

شەپكە Hut	بالا Kind	
شەپكىلەر	بالىلار	Plural (S. 10)
شەپكىمىز	بالىمىز	Possessiv 1.Pers. Plural (S. 11)
شەپكىڭىز	بالىڭىز	Possessiv 2. Pers. formell (S. 11)
شەپكىسى	بالىسى	Possessiv 3.Person (S. 11)
شەپكىنىڭ	بالىنىڭ	Genitiv (S. 13)
شەپكىگە	بالىغا	Dativ (S. 14)
شەپكىنى	بالىنى	Akkusativ (S. 15)
شەپكىدە	بالىدا	Lokativ (S. 16)
شەپكىدىن	بالىدىن	Ablativ (S. 17)
شەپكىچۇ	بالىچۇ	Partikel چۇ- (S. 106)
شەپكىمۇ	بالىمۇ	Partikel مۇ- (S. 31, 107)
شەپكىچە	بالىچە	Diminutiv چە- (S. 109)

تەجربە Erfahrung	پايدا Nutzen	
تەجربىلىك	پايدىلىق	Adjektive auf -لىك (S. 110)
تەجربىسىز	پايدىسىز	Adjektive auf -سىز (S. 111)
تەجربىلەن-	پايدىلان-	Verben auf -لەن, -لەش, -لە (S. 115)

Zu dieser Gruppe zählen auch Nomina im Dativ oder Lokativ sowie das Partizip auf -مەكتە und das Themasuffix auf -ە bei Anfügung der präsentischen Personalendungen:

ئۆيگىچە	بازارغىچە	Äquativsuffix -چە (S. 114)
ئۆيدىكى	بازاردىكى	Zugehörigkeitssuffix -كى (S. 111)
بېرىمەن	يازىمەن	Personalendungen Präsens (S. 51)
بەرمەكتىمەن	يازماقتىمەن	Personalendungen Präsens (S. 51)

d) Mehrsilbige Verbstämme auf Vokal:

ئىشلە- arbeiten	ئوينا- spielen	
ئىشلىمەك	ئويnimaq	Infinitiv (S. 49)
ئىشلىمە-	ئوينىما-	verneinter Verbstamm (S. 49)
ئىشلىدى	ئوينىدى	einfaches Perfekt (S. 62)
ئىشلىگىن	ئوينىغىن	Imperativ 2. Person -گىن (S. 68)
ئىشلىسۇن	ئوينىسۇن	Imperativ 3. Person (S. 69)
ئىشلىسە	ئوينىسا	Konditional (S. 75)
ئىشلىگەن	ئوينىغان	Verbalnomen auf -گەن (S. 83)
ئىشلىيەلەيدۇ	ئوينىيالايدۇ	können (S. 92)
ئىشلىگەچ	ئوينىغاچ	Konverb auf -گەچ (S. 100)
ئىشلىگەچكە	ئوينىغاچقا	Konverb auf -گەچكە (S. 100)
ئىشلىگۇچە	ئوينىغۇچە	Konverb auf -گۇچە (S. 101)
ئىشلىگەنسېرى	ئوينىغانسېرى	Konverb auf -گەنسېرى (S. 102)
ئىشلىگىلى	ئوينىغىلى	Konverb auf -گىلى (S. 102)
ئىشلىگۇ	ئوينىغۇ	Verbalsubstantiv auf -گۇ (S. 112)

Zu dieser Gruppe zählen auch alle entsprechenden negierten Verbformen.

Die deutschen Nebensätze und ihre uighurischen Entsprechungen

-گەندە، -گەن چاغدا، -(د)پ	als (temporal; S. 84, 87, 93)
-گەن ئوخشايدۇ، -دەك	als ob (modal; S. 88 ff., 113)
-(د)شتىن بۇرۇن، -مەستە، -گۈچە	bevor (temporal; S. 81, 82, 101)
-گۈچە	bis (temporal; S. 101)
-ە	dadurch, dass (modal; S. 91)
دەپ	damit, dass (final; S. 99)
-(د)ش، -گەن	dass-Sätze (S. 80 ff.)
-مىگۈچە	ehe nicht (S. 101)
-ە، -(د)پ	indem (modal; S. 91, 93)
-(د)ش، -گەن	indirekte Fragesätze (S. 80 ff.)
-(د)ش	Infinitiv mit zu (S. 79)
-گەنسېرى	je ... desto (modal; S. 102)
-(د)پ -مەيلا	kaum dass (temporal; S. 92)
-گەندىن كېيىن	nachdem (temporal; S. 85)
-گەن، دەپ	ob (S. 84, 99)
-گەن بىلەن	obwohl (konzessiv; S. 85)
-مەي، -مەستىن	ohne zu (modal; S. 92, 99)
-گەن	Relativsätze (S. 86 ff.)
-گىلى	seitdem (temporal; S. 103)
-(د)ش بىلەن، -گەچ	sobald (temporal; S. 81, 100)
-مەستە، -مىگۈچە	solange nicht (S. 82, 101)
-گۈچە	statt dass, statt zu (S. 101)
-(د)ش ئۈچۈن، -گىلى	um zu (final; S. 80, 102)
-گەچ	während (temporal; S. 100)
-گەنلىك ئۈچۈن، دەپ	weil (kausal; S. 85, 99)
-گەندە، -گەن چاغدا، -سە	wenn (temporal; S. 77, 81, 84)
-سە	wenn (konditional; S. 76)
-سىمۇ	wenn auch (konzessiv; S. 76)
-دەك، -چە	wie (modal; S. 113, 114)
-ە، -گەچ	wobei (modal; S. 91, 100)

Alphabetisches Vokabelverzeichnis

ئەل Land
ئەللىك fünfzig
ئەمدى jetzt
ئەمما aber
ئەمەس nicht
ئەنە siehe da

ب

بار vorhanden
بار- (hin)gehen
بارغانسېرى zusehends
بازار Markt
باش Kopf, Anfang
باشقا anderer, außer
باشلا- beginnen
باشلاپ beginnend
باشلىق Direktor
باغ Garten
باغچە (kleiner) Garten
باق- schauen
بالا Kind, Junge
بەختكە قارشى leider
بەزىدە manchmal
بەش fünf
بەك sehr
بەلكى vielleicht
بول- werden, sein
بويىچە entlang
بۇ dieser, diese
بۇ ياق diese Seite
بۇ يەردە hier
بۇرۇن früher, davor
بۇرۇن (-رنى) Nase
بۇرۇنقى vorherige(r)
بۇرۇنكى früher, vorherig
بۇزۇل- kaputtgehen
بۇغدا كۆلى Bughda-See
بۇلتۇر letztes Jahr
بۇنداق so, solch
بۇيان seit
بۆل- teilen
بۈگۈن heute
بۈگۈنكى heutige(r)
بېرى seit
بېلىقچى Fischer
بېلىقچىلىق Fischerei
بېلەت Eintrittskarte
بىر eins, ein
بىر يەردە irgendwo
بىراق aber
بىرى einer
بىز wir
بىكار unbeschäftigt
بىل- wissen, können
بىلدۈر- wissen lassen
بىللە gemeinsam
بىلەن mit
بىنا Gebäude

پ

پاراڭلاش- sich unterhalten
پايدا Nutzen
پايدىسىز unnütz, nutzlos
پايدىلىق nützlich
پەلتو Mantel
پويىز Zug
پۇل Geld
پۈت - enden

پۈتتۈر-	beenden
پۈتۈن	ganz
پىرسەنت	Prozent
پىكىر (-كرى)	Gedanke, Idee
ت	
تىك-	nähen
تاپ-	finden
تاپشۇرۇق	Hausaufgaben
تاتلىق	süß
تارا-	kämmen
تاران-	sich kämmen
تارتىپ	von ... an
تاس قال-	nahe daran sein
تاشقىرىدا	draußen
تاشلا-	werfen
تاغ	Berg
تاغلىق	Berggebiet
تاقا-	schließen
تام-	tropfen
تاماق	Speise, Essen
تاماكا چەك-	rauchen
تەگ-	berühren
تەرجىمە	Übersetzung
تەرەپ	Seite
تەكلىپ قىل-	einladen
تەم	Geschmack
تەمسىز	ohne Geschmack
تەملىك	schmackhaft
تەييار	bereit
تەييارلىق	Vorbereitung
توپ	Ball
توختا-	stehen bleiben
توختىماي	ununterbrochen
تور	Internet
توغرا	richtig
توغرا كەل-	angebracht sein
توغرۇلۇق	betreffend, über
توغرىسىدا	betreffend, über
توقسان	neunzig
توققۇز	neun
تونۇ-	kennen
تونۇش -	sich kennen
تونۇشتۇر-	bekannt machen
توي	Hochzeit
توڭلا-	gefrieren
توڭلات-	einfrieren
تۇر-	(auf)stehen, leben
تۇرپان	Turfan (Stadt)
تۇز	Salz
تۇزسىز	salzlos
تۇزلۇق	salzig
تۇزلۇق	Salzstreuer
تۇغ-	gebären
تۇي-	fühlen, erfahren
تۆت	vier
تۆر	Ehrenplatz
تۆمۈر	Eisen
تۆمۈرچى	Schmied
تۆمۈرچىلىك	Schmiedehandwerk
تۆۋەندە	unten
تۈگەت-	beenden
تۈگەت-	zu Ende bringen
تۈنۈگۈن	gestern
تۈنۈگۈنكى	gestrige(r)
تېخى	noch
تېخىمۇ	noch mehr
تېز	schnell

تېلېفون	Telefon
تېلېفون بەر-	anrufen
تېلېفون قىل-	telefonieren
تىرىشچان	fleißig
تىككۈچى	Schneider
تىل	Sprache
تىنچ	ruhig
تىنچلىق	Ruhe

ج

جاۋاب	Antwort
جىرىڭلا-	läuten, klingeln
جىق	viel

چ

چاچ	Haar
چاي	Tee
چەك-	klopfen
چەتئەل	Ausland
چەتئەللىك	ausländisch
چەرەك	Viertel
چوڭ	groß
چوڭ بول-	aufwachsen
چوڭاي-	größer werden
چوڭايت-	vergrößern
چۆل	Wüste
چۈش	Mittag
چۈش-	fallen
چۈشلۈك تاماق	Mittagessen
چۈشىنىش-	sich verstehen
چۈشۈر-	fallen lassen
چۈشەن -	verstehen
چۈشەندۈر-	erklären
چۈشەندۈرگۈچى	(Museums-)Führer
چېسلا	Datum
چىق-	hinaus-, hinaufgehen
چىقىش	Ausgang
چىنە	Schale

خ

خاتا	Fehler, falsch
خالا-	wollen
خەت	Brief
خەنزۇ	Chinese, Chinesin
خەنزۇچە	(auf) Chinesisch
خوتەن	Khotan (Stadt)
خوتەنلىك	aus Khotan
خوش	angenehm
خوشال	erfreut
خوشاللىق	Freude
خوشاللىق بىلەن	mit Vergnügen
خۇددى	genau
خۇش	angenehm
خېلى	sehr
خىزمەت	Dienst

د

دادا	Vater
دە-	sagen
دەپتەر	Heft
دەپتەرچە	Heftchen
دەرس	Unterricht
دەرھال	sofort
دەرەخ	Baum
دەرەخلىك	Baumgebiet
دەملە-	(Tee) aufgießen
دوختۇر	Arzt, Ärztin
دوختۇرخانا	Krankenhaus

دورا Medikament
دوریخانا Apotheke
دوست Freund
دوستلۇق Freundschaft
دوکلات Vortrag, Rede
دۇنیا Welt
دۆلەت Staat
دۇشەنبە Montag
دېرىزە Fenster

ر
رەسىم (-سمى) Bild
رەڭ Farbe
رومان Roman
رۇخسەت Erlaubnis
رۇخسەت قىل- erlauben
رۇس Russe, Russin
رۇسچە (auf) Russisch
رېمۇنت Reparatur
رېمۇنتچى Mechaniker

ز
زاكاز قىل- reservieren
زامان Zeit
زاۋۇت Betrieb, Firma
زېرىك- sich langweilen
زېرىكتۈر- langweilen

س
سائەت Uhr, Stunde
سات- verkaufen
ساقلا- erwarten
ساقلا- (er)warten
ساقلات- warten lassen

سال- setzen, stellen
سالام Gruß
سالاملاش- einander grüßen
سان Zahl
ساياھەت Reise
ساۋاق Klasse, Unterricht
ساۋاقداش Klassenkamerad
سەكسەن achtzig
سەككىز acht
سەن du
سوغۇق kalt
سول تەرەپ linke Seite
سومكا Tasche
سۇ Wasser
سۇ ئۈز- schwimmen
سۇلۇق saftig, wässrig
سۆز Wort
سۆزلە- sprechen
سېتىۋال- einkaufen
سېرىق gelb
سىرت Äußeres
سىز Sie
سىلەر ihr, Sie
سىنىپ Klasse
سىڭىل (-ڭلى) jüngere Schwester

ش
شاپتۇل Pfirsich
شاھمات Schach
شەپكە Hut
شەھەر (-ھرى) Stadt
شەھەرچە Städtchen
شەھەرلىك städtisch
شوخ frech, aufgeweckt

der Besagte	شۇ
so, solch	شۇنداق
deshalb	شۇنىڭ ئۈچۈن
Zucker	شېكەر
Norden	شىمال

ق

Fähigkeit	قابىلىيەت
teilnehmen	قاتناش-
wann	قاچان
Schnee	قار
schwarz	قارا
in Richtung	قاراپ
Dunkelheit, dunkel	قاراڭغۇ
gegenüber	قارشى
im Vergleich	قارىغاندا
ungeachtet, trotz	قارىماستىن
bleiben	قال-
wie viel	قانچە
welche Menge	قانچىلىك
zu wievielt	قانچەيلەن
wie, wie geartet	قانداق(راق)
zurückkehren	قايت-
zurückgeben	قايتۇر-
welcher	قايسى
sprudeln, kochen	قاينا-
kochen (trans.)	قاينات-
bis	قەدەر
Kaschghar (Stadt)	قەشقەر
Stift	قەلەم
Kaffee	قەھۋە
woher	قەيەردىن
wo	قەيەردە
wohin	قەيەرگە
woher stammend	قەيەرلىك
Stockwerk	قەۋەت
Leib, Bauch	قورساق
fürchten	قورق-
Nachbar	قوشنا
Honigmelone	قوغۇن
Melonenfeld	قوغۇنلۇق
Hand	قول
Taschentuch	قول ياغلىق
benutzen	قوللان-
Koy (Währung)	قوي
setzen, legen	قوي-
glücklich	قۇتلۇق
Schoß, Arme	قۇچاق
sich umarmen	قۇچاقلاش-
Mal	قېتىم
alt	قېرى
vierzig	قىرىق
Tochter	قىز
sich interessieren	قىزىق-
interessant	قىزىقارلىق
rot	قىزىل
Winter	قىش
tun, machen	قىل-
teuer	قىممەت

ك

(weg)gehen	كەت-
Abend, spät	كەچ
entschuldigen	كەچۈر-
verzeihen	كەچۈر-
Berufskollege	كەسىپداش
Beruf	كەسىپ (-سپى)
kommen	كەل-

كونسېرت Konzert
كۆپ viel
كۆر- sehen
كۆرسەت- zeigen
كۆرۈش - sich sehen
كۆرۈن - sich zeigen
كۆز Auge
كۆزئەينەك Brille
كۆك blau
كۆل See
كۆينەك Hemd
كۆڭۈل (-ڭلى) Gefühl, Gemüt
كۈت- warten
كۈتۈپخانا Bibliothek
كۈچ Kraft
كۈچسىز kraftlos
كۈچلۈك kräftig, stark
كۈز Herbst
كۈل- lachen
كۈن Tag, Sonne
كۈندۈز tagsüber
كۈنلۈك Sonnenschirm
كېچە Nacht
كېرەك notwendig
كېسەل krank
كېسەللىك Krankheit
كېيىن später, danach
كېيىنكى nächste(r)
كىي- anziehen
كىتاب Buch
كىتابچە Büchlein
كىچىك klein
كىر- eintreten
كىرىش Eingang
كىشى Person
كىم wer
كىمدىن von wem
كىمدە bei wem
كىمگە wem
كىملىك Personalausweis
كىمنى wen
كىمنىڭ wessen
كىيىن- sich anziehen
كىنو Film
كىنوخانا Kino

گ

گەپ Gerede, Gespräch
گەپ قىل- reden
گۈل Blume
گۈللۈك Blumengarten
گېزىت Zeitung
گىلەم Teppich
گىلەمچى Teppichweber
گىلەمچىلىك Teppichweberei

ل

لۇغەت Wörterbuch
لېكىن aber, jedoch

م

ماروز Eis
ماشىنا Auto
مانا sieh hier
ماڭ- gehen, fahren
ماۋۇ dieser hier
مەركەز Zentrum
مەرھەمەت bitte

مەسىلە Problem
مەكتەپ Schule
مەن ich
موما Oma
مۇئەللىم Lehrer
مۇبارەك gesegnet, Segen
مۇخبىر Journalist
مۇشۇ genau der
مۇمكىن möglich
مۈشۈك Katze
مېھمان Gast
مېھمانخانا Gästezimmer, Hotel
مېۋە Obst, Frucht
مىنۇت Minute
مىڭ tausend

ن

ناشتا Frühstück
نان Brot
ناھايىتى äußerst
ناۋايخانا Bäckerei
نە ... نە weder ... noch
نەچچىنچى der wievielte
نەچچە wie viele
نەچچەيلەن zu wievielt
نەدىن woher
نەدە wo
نەرسە-كېرەك Einkauf
نەگە wohin
نەلىك woher stammend
نۇرغۇن zahlreiche
نۇمۇر Nummer
نېمىدىن woraus, wovon
نېمىس deutsch
نېمىسچە (auf) Deutsch
نېمىشقا wozu, weshalb
نېمىگە wonach
نېمىنى was (Akk.)
نېمىنىڭ welcher Sache
نېمە was
نېمە ئۈچۈن warum
نىسبەتەن im Vergleich

ھ

ھازىر jetzt, gleich
ھازىرقى jetzige(r)
ھال Zustand
ھاياجان Aufregung
ھاياجانلان- sich aufregen
ھاۋا Luft, Wetter
ھەئە ja
ھەپتە Woche
ھەر jeder, jede
ھەر دائىم immer
ھەرقاچان jederzeit
ھەريەردە überall
ھەل Lösung
ھەم und auch
ھەم ... ھەم sowohl ... als auch
ھەممە alle
ھويلا Hof, Gehöft
ھۆكۈمەت Regierung
ھېچ überhaupt
ھېچ نەرسە nichts
ھېچقاچان niemals
ھېچكىم niemand
ھېچيەردە nirgends
ھېس قىل- fühlen

ئو

ئوتتۇرا Mitte, inmitten
ئوتتۇز dreißig
ئوخشا- ähneln
ئورۇن (-رنى) Platz
ئورۇنلاش- sich niederlassen
ئوغۇل (-غلى) Sohn
ئوقۇ- lesen, studieren
ئوقۇت- unterrichten
ئوقۇتقۇچى Lehrer
ئوقۇتقۇچىلىق Lehrerberuf
ئوقۇغۇچى Schüler(in)
ئوڭ تەرەپ rechte Seite
ئولتۇر- sitzen
ئون zehn
ئويغات- wecken
ئويلا- denken
ئويمان Senke, Becken
ئوينا- spielen

ئۇ

ئۇ jener, er
ئۇچ- fliegen
ئۇ چاغدا damals
ئۇچرا- treffen
ئۇچراش - sich treffen
ئۇچقۇچى Pilot
ئۇچۇر- fliegen lassen
ئۇخلا- schlafen
ئۇخلات- schlafen lassen
ئۇر- schlagen, klopfen
ئۇزۇن lang
ئۇق- verstehen
ئۇقتۇر- informieren
ئۇلار sie (Pl.)
ئۇنداق so, solch
ئۇنۇت-، ئۇنتۇ- vergessen
ئۇيغۇر Uighure
ئۇيغۇرچە (auf) Uighurisch

ئۆ

ئۆت- vorbeigehen
ئۆتۈك Stiefel
ئۆز selbst
ئۆزارا untereinander
ئۆزگەر- sich ändern
ئۆزگەرت- verändern
ئۆگۈن übermorgen
ئۆگەن- lernen
ئۆي Haus
ئۆيلەن- sich verheiraten (m.)

ئۈ

ئۈچ drei
ئۈچۈن für, wegen
ئۈرۈك Aprikose
ئۈرۈمچى Ürümtschi (Stadt)
ئۈزۈم Traube
ئۈست Oberseite
ئۈستەل Tisch
ئۈلۈشكۈن vorgestern
ئۈمىت Hoffnung

ۋ

ۋاقىت (-قتى) Zeit
ۋە und
ۋەدە Versprechen
ۋېلىسىپىت Fahrrad

ئې

ئېتىبارەن von ... an
ئېشىك Tür
ئېغىز (-غزى) Mund
ئېيت- sagen, ausrichten

ئى

ئىد- sein
ئىت Hund
ئىچ- trinken
ئىچ Inneres
ئىچكىرىدە drinnen
ئىچۈر- zu trinken geben
ئىزدە- suchen
ئىسسىن- sich erwärmen
ئىسسىق warm, heiß, Hitze
ئىسىم (-سمى) Name
ئىش Arbeit
ئىشچى Arbeiter
ئىشخانا Büro
ئىشلە- arbeiten
ئىشلەت- betreiben
ئىشەن- glauben
ئىككى zwei
ئىلتىماس قىل- bitten
ئىمتىھان Prüfung, Examen
ئىنتايىن außerordentlich
ئىنسان Mensch

ي

ياپ- zumachen
يات- liegen
ياتاق Zimmer
ياتاقداش Mitbewohner
ياخشى gut
ياخشى كۆر- lieben, mögen
ياردەم Hilfe
ياردەم قىل- helfen
ياردەملەش - einander helfen
يارىشا entsprechend
ياز- schreiben
يازدۇر- schreiben lassen
يازغۇچى Schriftsteller
ياسا- herstellen
ياش jung
ياش Lebensjahr, Alter
ياشا- leben
ياغ- regnen
ياق nein
ياقتۇر- Gefallen finden
ياكى oder
ياكى ... ياكى entweder ... oder
يامان übel, schlimm
يامغۇر Regen
يامغۇرلۇق Regenmantel
يان Seite
يانۋار Januar
يە- essen
يەت- (er)reichen
يەتتە sieben
يەتمىش siebzig
يوق nicht vorhanden
يوقلا- vorbeischauen
يول Weg
يولداش Weggefährte
يولغا چىقىش Abreise
يۇ- waschen
يۇقىرىدا oben
يۇل- ausreißen

يۇيۇن- sich waschen
يۈر- laufen, gehen
يۈز hundert
يۈگۈر- laufen
يېتىپ بېرىش Ankunft
يېرىم halb
يېزا Dorf
يېشىل grün
يېقىن nahe
يېقىندا kürzlich, bald
يېڭى neu
يىپەك Seide
يىراق weit
يىرت- zerreißen
يىغىن Versammlung
يىقىل- niederstürzen
يىگىرمە zwanzig
يىل Jahr

Sachregister

Literaturverzeichnis

Engesaeth, Tarjei; Yakup, Mahire; Dwyer, Arienne: Greetings from the Teklimakan. A Handbook of Modern Uyghur, Bd. 1. Kansas 2009/2010

De Jong, Frederick: A Grammar of Modern Uyghur. Utrecht 2007

De Jong, Frederick; Muhaemmaetrehim Sayit; Raehanguel Aehmaed: Uyghur. A Manual for Conversation. Utrecht 2005

Friedrich, Michael: Uyghurisch Lehrbuch. Wiesbaden 2002.

Gabain, Annemarie von: Die zentralasiatischen Türksprachen. Handbuch der Orientalistik, Turkologie 1963, S. 139–160.

Gaines, Renee D.: Beginning Uyghur for English Speakers. Xinjiang University Press 2009

Hahn, Reinhard F.: Spoken Uyghur. Seattle 1991

Hahn, Reinhard F.: Uyghur. The Turkic Languages, 1998, S. 379–396.

Hazirqi zaman Uygur Tili. Xinjiang Radiyo Shifän Daxüé 1978

Inglizchä – Uyghurchä lughät. Xinjiang xälq näshriyati 1988

Inglizchä – Uyghurchä lughät. Xinjiang xälq sähiyä näshriyati 2007

Ming bir kéchä. Xinjiang xälq näshriyati 2008

Nadzhip, E.N.: Modern Uigur. Moscow 1971

Pritsak, Omeljan: Das Neuuigurische. Philologiae Turcicae Fundamenta 1959, S. 525–563.

Scharlipp, Wolfgang: Auxiliarfunktionen von Hauptverben nach Konverb in der neuuigurischen Schriftsprache von Sinkiang. Berlin 1984.

Tömür, Hämit; Lee, Anne (Übers.): Modern Uyghur Grammar (Morphology). Istanbul 2003

Uyghur xälq chöchäkliri. Xinjiang xälq näshriyati 2009

Zakir, Hamit A.: Introduction to Modern Uighur. Xinjiang University Press 2006